D0691065

PALACIO REAL DE MADRID
Salas abiertas a la visita en la planta principal

1 Escalera principal

CUARTO DEL REY CARLOS III

2 Salón de Alabarderos
3 Salón de Columnas
4 Salón del Trono
5 Saleta de Carlos III
6 Antecámara de Carlos III
7 Cámara de Carlos III o
   Salón de Gasparini
8 "Tranvía" de Carlos III
9 Salón de Carlos III
10 Gabinete de Porcelana
11 Sala Amarilla

CUARTO DE LA REINA

12 Comedor de Gala
13 Sala de la Banda o Plateresca
14 Sala de la Plata

CUARTO DEL INFANTE DON LUIS

15 Sala de Vajillas

16 Sala de los Stradivarius
17 Sala de Instrumentos
   Musicales

18 Real Capilla

TRASCUARTO DE LA REINA M.ª LUISA

19 Sala de Guardias de la Reina
   M.ª Luisa o Antesala de la Reina
   M.ª Cristina
20 Sala de Billar de Alfonso XII
21 Sala de Fumar o Japonesa de
   Alfonso XII
22 Gabinete de Estucos de
   la Reina M.ª Luisa
23 Gabinete de Maderas Finas de
   la Reina M.ª Luisa
24 Saleta de paso

25 Galería principal

26 Patio de Palacio

Palacio Real de Madrid

JOSÉ LUIS SANCHO

REALES SITIOS DE ESPAÑA

© PATRIMONIO NACIONAL, 2010
Palacio Real de Madrid
Bailén, s/n
28071 Madrid
Tel. 91 547 53 50

Textos: José Luis Sancho Gaspar

Fotografías:
Patrimonio Nacional: Felix Lorrio
Aldeasa: José Barea, Gerardo Romera
Museo Nacional del Prado

N.I.P.O.: 006-10-032-1
I.S.B.N.: 978-84-7120-293-2 (1.ª ed., 10.ª imp.)
Depósito Legal: S. 789-2010

Coordinación y producción: ALDEASA
Diseño y maquetación: Myriam López Consalvi
Fotomecánica: Lucam
Impresión: Gráficas Varona, S.A.

Foto de portada: Vista de la fachada de Poniente del
Palacio Real de Madrid, desde la Fuente de las Conchas en
el Parque del Campo del Moro.

Foto de contraportada: Taller de G.D. Olivieri: Escudo
Real de Armas flanqueado por grifos. Piedra de Colmenar.
Coronamiento de la balaustrada del cuerpo central de la
fachada de Oriente. Palacio Real de Madrid.

Impreso en España, *Printed in Spain*

Contenido

Presentación

EL PATRIMONIO Nacional es el organismo que administra los bienes del Estado al servicio de la Corona para realizar las funciones de representación que la Constitución y las Leyes le encomiendan.

Se trata de un conjunto de palacios, de monasterios y conventos de fundación real, de la mayor importancia histórica, artística y cultural, por encima de la cual destaca su *valor simbólico*. Los Palacios Reales de Madrid, El Pardo, Aranjuez, San Ildefonso y La Almudaina son edificios con el uso residencial y representativo para el que fueron construidos siglos atrás. En ellos, Su Majestad el Rey ejerce sus funciones solemnes como jefe del Estado, particularmente en el de Madrid, donde el *valor simbólico* alcanza su plenitud en cuanto residencia oficial de la Corona.

Compatibles con aquellas funciones, los edificios y bienes de otra naturaleza que integran el Patrimonio Nacional tienen una definida vocación cultural que se proyecta a través de su apertura al estudio, la investigación y la visita pública.

Tanto los edificios como las Colecciones Reales españolas (compuestas de 27 epígrafes temáticos diferentes, desde abanicos a herramientas, pasando por plata, pintura, tapices, mobiliario, instrumentos musicales, relojes, etc.) se distinguen por características que hacen del Patrimonio Nacional una institución cultural única en el mundo: la *particularidad de uso*, ya que su utilidad representativa para la Corona sigue vigente; la *autenticidad histórica*, ya que son piezas encargadas, adquiridas o regaladas en su momento para ese lugar; la *originalidad*, marcada por la ausencia de réplicas e imitaciones; y su *extraordinario valor* artístico, histórico y simbólico.

La comprensión de estas características permite al visitante percibir que el Patrimonio Nacional es mucho más que un museo.

Los Palacios Reales españoles se encuentran rodeados de espacios verdes, que en la actualidad miden aproximadamente 20.500 hectáreas; unas 500 corresponden a huertas y jardines, y 20.000 a masa forestal. Se reparte ésta entre El Pardo, La Herrería y Riofrío, y parcialmente es visitable por el público. Su importancia ecológica dentro del biotipo *bosque mediterráneo* (el mayoritario) es notoria, y no desmerece en su ámbito con la de los monumentos en torno a los cuales se encuentra.

Los Reales Monasterios y Conventos de fundación real están atendidos desde su creación por las mismas órdenes religiosas, excepto San Lorenzo de El Escorial que, como consecuencia de las desamortizaciones del siglo XIX, pasó de la Orden Jerónima a la de San Agustín. Tienen una importancia especial en la historia de España, pues su origen se debe a patronazgos particulares de los reyes.

Además de su finalidad cultural, el propósito de la visita pública es contribuir a que cada español capte el valor simbólico de lo visitado, se identifique con él y sienta ser legatario del inmenso tesoro histórico y artístico que constituyen los bienes que componen el Patrimonio Nacional.

Reunidos a lo largo de los siglos por la Corona, su influencia en la identidad cultural de España ha sido, y es, decisiva.

▲ *Arriba, izquierda,* Alcázar de Madrid; *derecha,* Monasterio de El Escorial. *Abajo, izquierda,* Palacio de El Pardo; *derecha,* Palacio de Aranjuez. *Michel-Ange Houasse, detalles de la serie de* Vistas de los Reales Sitios, *s. XVIII.*

De Alcázar a Palacio

EL PALACIO Real se alza sobre el solar del antiguo Alcázar de Madrid, "castillo famoso" construido a finales del siglo IX, durante el emirato de Muhammad I, como un enclave estratégico para la defensa de estos territorios al norte de Toledo.

La fortaleza, reedificada en el siglo XIV, empezó a adquirir el carácter de residencia regia a partir de las obras realizadas por Juan II, entre las que sobresalían la Capilla consagrada en 1434 y la gran *Sala Rica*. Fue ya en el siglo XVI cuando Carlos V y Felipe II lo reconstruyeron como Palacio Real, de modo que desde 1561 el Alcázar vino a ser la morada estable de los reyes, y la villa surgida al amparo de su castillo se convertía en Corte de la monarquía de España. Bajo Felipe IV el Palacio de Madrid alcanzó su forma más característica: en el exterior, con la gran fachada concebida por Francisco y Juan Gómez de Mora y Gianbattista Crescenci; en el interior, con la intervención de Diego Velázquez como arquitecto decorador, y el despliegue de obras maestras que hoy son joyas del Museo del Prado. Felipe V dejó también su huella en el Alcázar antes de que la mayor y mejor parte de su fábrica pereciese consumida por el incendio de la Nochebuena de 1734.

El emplazamiento del Alcázar y la disposición en torno de los edificios donde se albergaban las dependencias ha condicionado de tal modo la forma del Palacio Real Nuevo y sus alrededores, que casi podemos decir que sigue presente como una idea con once siglos de antigüedad, pese a la desaparición de todo resto visible.

Pero que Madrid, y en un sentido más preciso el Alcázar, fuese la sede del poder, no quiere decir que el rey no habitase más que en este Palacio, sino todo lo contrario: los cotos de caza cercanos a Madrid utilizados por los Trastámara –El Pardo, Valsaín–, el heredamiento de Aranjuez incorporado a la Corona por los Reyes Católicos, el Monasterio de El Escorial fundado por Felipe II y otras posesiones que este mismo Monarca creó –entre las que destaca la vecina Casa de Campo, al otro lado del Manzanares– constituyeron un sistema de *Reales Sitios* que quedó definido a la vez que la capital se establecía en Madrid, y que durante los tres siglos siguientes no hizo sino ampliarse y perfeccionarse con nuevos Sitios como El Buen Retiro o La Granja de San Ildefonso, creaciones de Felipe IV y de Felipe V respectivamente. El uso de estas residencias era estacional y estaba en función de su carácter y cualidades: en Aranjuez pasaba la primavera, el verano en Valsaín –desde Felipe V en La Granja, muy cercana–, el otoño en El Escorial... En Madrid los reyes vivían desde finales de octubre hasta Semana Santa, pero con estancias prolongadas en el cazadero de invierno de El Pardo. Felipe V, y sobre todo Carlos III, llevaron a sus últimas consecuencias esta sistemática ausencia de la capital. Esta regla no siempre funcionó de un modo estricto, pero aunque estuviese sometida a excepciones, a novedades y a las variaciones impuestas por el gusto de cada monarca, lo cierto es que rigió durante tres siglos la vida de la Corte española; el centro de esta mecánica, y por tanto su pieza esencial, era el Palacio de Madrid.

LA VISITA

Por tanto es bien comprensible que, apenas extinguidos los restos del incendio, Felipe V decidiese levantar un Palacio Real Nuevo en Madrid, y hacerlo en el propio sitio donde se alzaba el antiguo, como un símbolo de la continuidad de la monarquía. Se cuidó de que toda su estructura fuese de bóveda, sin más madera que la de puertas y ventanas, con el fin de evitar nuevos incendios, y quizá también con el afán de identificar la solidez de la sede con la del poder: la inscripción en la primera piedra afirma que se construyó *para la eternidad*. El Palacio tenía que dar cabida a todas las funciones de la Corte, una de las primeras de la Europa de entonces, cuando la idea del esplendor que debía rodear a la representación del poder regio alcanzaba su máxima expresión.

La Arquitectura: proyectos y construcción

FELIPE V determinó asímismo que el arquitecto de su Palacio fuese el mejor y más afamado de Europa, y escogió bien: a principios de 1735 fue llamado a Madrid el italiano Filippo Juvarra, que enseguida comprendió que el emplazamiento del Alcázar no era adecuado para una residencia tan grande y magnífica como la que se ambicionaba construir, e ideó un proyecto vastísimo y de amplio desarrollo en horizontal para un lugar llano. Pero Juvarra murió en marzo de 1736 y los Reyes, encantados con su estilo, decidieron llamar a un discípulo suyo para que se dedicase a materializar el gran proyecto del maestro.

En consecuencia, acudió a Madrid el turinés Gianbattista Sacchetti, quien al llegar se encontró encargado de "adaptar" el diseño de Juvarra al solar del Palacio antiguo, tarea de

por sí imposible; pero él no poseía ni el prestigio ni la personalidad del mesinés como para oponerse, y obedeció.

Por tanto, la forma definitiva del Palacio es el producto de un proceso complejo, cuyos puntos fundamentales son el proyecto de Juvarra; la adaptación de sus diseños, que en realidad es un proyecto completamente nuevo de Sacchetti, modificado a su vez en muchos detalles durante su construcción; y las reformas que el Palacio de Sacchetti sufrió por obra de Sabatini, arquitecto de Carlos III.

El diseño arquitectónico del Palacio, tanto en sus rasgos generales como en sus detalles, es característico del gusto barroco tardío clasicista de Juvarra, muy influido por Bernini, y de acuerdo con las pautas dadas por el gran proyecto no realizado. Pero lo que en éste era horizontalidad hubo de convertirlo aquí Sacchetti en verticalidad para que, ocupando el mismo solar del antiguo, el Palacio Nuevo fuese capaz de albergar a las reales personas, los cortesanos, los criados, los ministerios y las dependencias de servicio, de modo que el edificio tiene seis alturas donde menos, y ocho donde más: dos sótanos –que salvan el desnivel del terreno por el Oeste y el Norte– para los *Oficios de Casa y Boca* y para las secretarías de despacho; cuarto bajo, de verano, y principal, de invierno, para las reales personas; para las damas y señores a su servicio el segundo piso, y para los criados los entresuelos que hay sobre los pisos bajo, principal y segundo. Puesto que la voluntad real insistía en que todos los pisos fueran de bóveda y el edificio incombustible y perdurable, hubo que levantar muros tan gruesos como para sustentar tantos empujes.

La planta general del edificio no varió desde el primer proyecto, fechado el 9 de marzo de 1737: cuadrada, con un solo patio principal también cuadrado en el centro y rodeado de galerías con arcadas. Las

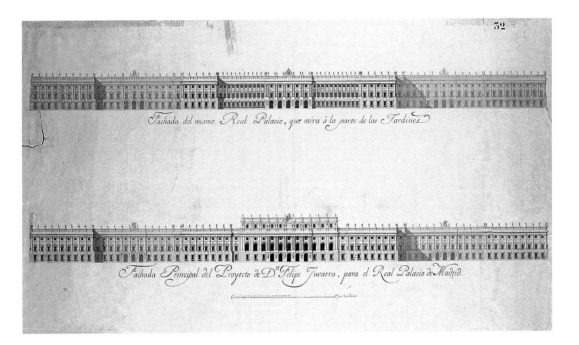

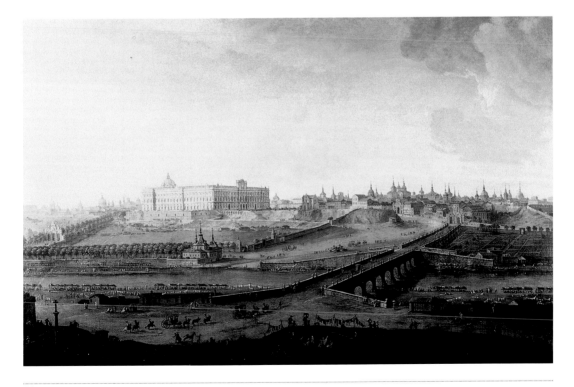

Arriba, Filippo Juvarra: Fachada Principal del Proyecto…, para el Real Palacio de Madrid *y*…a la parte de los Jardines, ▲
1735. *Abajo, Antonio Joli:* Vista de Madrid y del Palacio Real Nuevo…, s. XVIII. Colección particular.

habitaciones principales están dispuestas en hilera a lo largo de las fachadas, las antecámaras y habitaciones secundarias dan al patio, y entre ambas crujías corren pasillos de servicio. Tres patios pequeños sirven para la iluminación de las habitaciones interiores de los ángulos. Algo del espíritu del Alcázar parece flotar en torno al Palacio Nuevo, pues su manifiesta solidez, los resaltes o "torres" en las esquinas, el escarpe de la parte inferior de sus muros, su elevación y su situación, le confieren cierto aire de fortaleza.

Entre 1738 y 1747, con las obras en marcha, Sacchetti introdujo en su proyecto algunas variaciones en virtud de las críticas del secretario de la Reina, el marqués Annibale Scotti, y de algunos arquitectos ligados a la construcción. En 1742 y por influjo de Scotti, dio mayor desarrollo a la escalera convirtiéndola en dos, gemelas y simétricas; y entre ellas dejó un salón para fiestas –el actual de Alabarderos– donde según sus primeras ideas había de situarse la capilla, que desde entonces quedó desplazada al lado Norte. En este resultado se conciliaban las reminiscencias del Alcázar, la obsesión de Sacchetti por la simetría y el afán ostentatorio de los monarcas españoles, que en aquel momento deseaban espacios áulicos de la máxima magnificencia posible.

Los habitantes del Palacio y los cambios decorativos

LA DISTRIBUCIÓN interior y la decoración son dos aspectos indisolublemente unidos en una residencia, y suelen ir variando a la par, en función de las necesidades e inclinaciones de las generaciones de ocupantes que se van sucediendo. Cada reinado supone personas y gustos diferentes y, además, el concepto de lo

Perspectiva de las fachadas Norte y de Poniente del Palacio Real de Madrid. ▲

que debía ser la representación de la majestad real fue evolucionando al compás de los cambios sociales y políticos: un abismo separa lo que simbolizaba la persona del rey en la monarquía absoluta de lo que pasó a ser con el liberalismo en el siglo XIX y de lo que significa en una democracia parlamentaria.

Fernando VI no se vio bendecido por una prole necesitada de aposentos, de forma que su Cuarto y el de la Reina resultaban casi tan extensos como exigía la vasta visión que de una residencia regia tenían sus contemporáneos. Por el contrario, Carlos III contaba tal vez con demasiados hijos: tuvo que hacer dividir salones, y con todo, el Palacio siempre le resultó reducido, como a su hijo. A los ojos de las generaciones sucesivas pareció cada vez más grande, hasta el punto de encontrarlo desmesurado para las exigencias de confort y comodidades surgidas por las transformaciones del progreso, que se reflejaron en las formas de representación de la política y la sociedad.

Las decoraciones ideadas bajo Fernando VI por Sacchetti, Giaquinto y otros artistas eran de estilo barroco tardío, más bien recargado, pero también se fueron al traste con la llegada de Carlos III, que introdujo un gusto relativamente más sobrio y clasicista cuyo artífice fue el siciliano Francisco Sabatini, discípulo y yerno del arquitecto de Caserta, Vanvitelli. Sabatini dirigió todos los aspectos de la decoración interior de Palacio, salvo cuando la voluntad del Rey era encomendarla a otros –como en la Sala del Trono o en las habitaciones realizadas por Gasparini–, y lo llevó a cabo reuniendo la dignidad del diseño con la riqueza de los materiales: los magníficos mármoles de las jambas y zócalos, todos españoles, de los que se llegó a reunir en Palacio un muestrario con más de trescientas clases; la caoba maciza de todas las puertas de

paso, ventanas y contraventanas... A Sabatini y a su equipo se deben los diseños de los estucos, de la talla de los muebles y de los bronces decorativos –éstos desaparecidos en su mayor parte–, ejecutados por una serie de maestros italianos y franceses escogidos y reclutados por él. Durante los casi cuarenta

Perspectiva noreste del Palacio Real de Madrid, entre la explanada de Caballerizas y la calle de Bailén. ▲

años de su actividad en Palacio, de 1760 a 1797, su gusto y el de sus patronos fue evolucionando desde el apego al rococó hasta las formas clasicistas.

Junto a Sabatini, el artista que marcó más profundamente la decoración del Palacio Nuevo fue el pintor Anton Raphael Mengs, y no sólo por realizar aquí algunas de sus obras maestras, sino porque la alta estima en que lo tenía el Rey lo convirtió en un dictador artístico, que para decorar el resto de las bóvedas escogió a los pintores españoles jóvenes que mejor le parecieron y les imprimió su estilo: Francisco Bayeu y Mariano S. Maella

15

fueron los más destacados entre los favorecidos, en perjuicio de los discípulos de Corrado Giaquinto. Este pintor, omnipotente en Palacio bajo Fernando VI y autor de muy bellos frescos, escapó en cuanto pudo de la tiranía de Mengs y Sabatini, que tampoco le procuraron una existencia mucho más agradable al gran Tiepolo ni a sus hijos.

Bajo Carlos III y Carlos IV un elemento fundamental en la decoración eran los cuadros, que cubrían totalmente las paredes desde el friso o zócalo hasta la cornisa: los viajeros se quedaban atónitos ante la abigarrada combinación entre semejante acumulación de obras maestras y la suntuosidad decorativa del Palacio. En algunas habitaciones las pinturas se sustituían por tapices durante el invierno. Pero a principios del siglo XIX cambió el gusto: bastaba un solo cuadro por pared, como mucho, encima de la colgadura de seda o del papel pintado que entonces se empezó a

utilizar. Fernando VII relegó de esta manera la inmensa mayoría de las obras maestras que luego reunió en la Galería Real de Pintura, hoy Museo del Prado.

La apariencia de las salas es también muy fernandina por otros aspectos esenciales del mobiliario: Carlos IV sentía pasión por los muebles y objetos decorativos franceses y las Colecciones Reales cuentan con piezas magníficas de aquel periodo. Este gusto fue continuado por su hijo Fernando VII que, entre 1818 y 1830 fundamentalmente, llevó a cabo compras masivas de objetos parisinos de bronce: relojes, candelabros y arañas. Son muy bellos, pero su número es tal que obliga a no extenderse sobre cada uno: cuando no se dan más indicaciones, ya se sabe que son fernandinos y de París. El efecto de profusa riqueza imperio que producían debía de ser deslumbrante entonces, cuando estaban concentrados en el sector occidental del

▲ *Izquierda, Giaquinto:* La Abundancia *y* La Paz; *Andreoli: labor de estucos. Bóveda de la escalera principal. Reinado de Fernando VI. Derecha, Maella:* Las Virtudes Cardinales; *Sabatini: diseño de estucos. Bóveda del Dormitorio del Cuarto del Infante don Luis. Reinado de Carlos III.*

Palacio, en comparación con la dispersión actual por toda la residencia.

Los cambios decorativos de Isabel II, aunque importantes en la mitad oriental del edificio y sobre todo en sus habitaciones privadas, palidecen al lado de los de su padre y los de su hijo, Alfonso XII: la Restauración trajo consigo un afán por poner al día el Palacio de Madrid según los parámetros de las residencias reales victorianas, dentro del gusto de la burguesía conservadora de finales del XIX por los interiores abigarrados y oscuros. Las obras fueron dirigidas por el arquitecto José Segundo de Lema y consistieron en la habilitación y decoración de un salón para bailes y comidas de gala y otros adjuntos; una sala de billar, otra de fumar, y la colocación de parqué en muchas de las habitaciones privadas y de los salones, que recibieron además mobiliario al gusto de la época. Se sacrificaron para ello algunas decoraciones muy

importantes y frescos de Mengs. El siglo XX ha estado marcado por las grandes obras de restauración llevadas a cabo después de la última guerra civil española, y de las efectuadas en los años recientes.

La visita

La plaza de Armas y la fachada principal

EL ACCESO al Palacio Real desde la ciudad siempre ha sido por la calle Mayor hasta llegar a la Real Armería: este edificio, que fue demolido en 1884 y ha dado nombre a la plaza entre la Catedral de la Almudena y Palacio, ocupaba aproximadamente el sector de la *reja de honor* que cierra la plaza de Armas.

Tras atravesar la verja nos encontramos en la plaza de Palacio, también llamada de Armas porque aquí tienen lugar la parada militar y los

---

Izquierda, Real Fábrica de Madrid: papel pintado, c 1820. Antigua Pieza de Vestir del cuarto del infante don Luis. Reinado de ▲
Fernando VII. Derecha, Dormitorio de la Reina. Habitaciones privadas de los reyes, antiguo Cuarto de Carlos IV,
Ala de San Gil. Reinado de Alfonso XII.

honores de ordenanza, y que desde el siglo XVI ha sido el escenario en el que se manifestaba la majestad y se exhibía el despliegue de pompa y boato de la Corte ante el pueblo, con la fachada principal de la residencia regia como telón de fondo.

Sacchetti y Ventura Rodríguez concibieron esta plaza con pórticos abiertos que habrían unido el Palacio con los edificios de servicio, pero Sabatini confirió a este espacio su actual carácter de *patio de honor* "a la francesa", abrazado por dos prolongaciones de las habitaciones reales: de ellas sólo se llegó a finalizar la construcción del ala derecha o de San Gil en 1783, completando su decoración interior en 1788. El ala izquierda nunca llegó a pasar del nivel de la primera planta.

Los pabellones bajos que forman los costados de la plaza siguen las líneas generales marcadas por Sabatini, pero son ya del siglo XIX, y responden junto con la *reja de honor* "a la francesa" al proyecto de Narciso Pascual y Colomer (1847), que bajo Isabel II terminó el de la derecha; el de la izquierda fue realizado entre 1883 y 1893 por sus sucesores. Los arcos abiertos a la izquierda sobre el parque de Palacio permiten entender parte de la fascinación que ofrecía este emplazamiento. Al otro lado del río Manzanares se extiende la Casa de Campo hasta enlazar con el monte de El Pardo, y en la lejanía de la sierra, llega a verse en los días claros el Monasterio de El Escorial. La continuidad de todas esas propiedades reales fue aún más acusada mientras existió el Real Sitio de La Florida o de la Moncloa, creado por Carlos IV, y que ocupaba todo lo que ahora es el barrio de Argüelles, el parque del Oeste y la Ciudad Universitaria.

En la fachada principal podemos observar con detalle las formas de la arquitectura del Palacio, inspiradas en Bernini y Juvarra. Sobre un basamento almohadillado, que corresponde al piso bajo y al primer entresuelo, se eleva un orden gigante de columnas jónicas adosadas y pilastras toscanas que articulan los pisos principal, entresuelo y segundo; la gran cornisa general está coronada por una balaustrada que oculta las cubiertas de plomo.

Daban al edificio una gran plasticidad y sentido propagandístico barrocos las numerosas estatuas realizadas por un nutrido equipo de artistas españoles dirigidos por el italiano Gian Domenico Olivieri y por el gallego Felipe de Castro, escultores principales de Fernando VI. Las colocadas sobre la balaustrada de coronamiento representaban a los reyes de España desde el primero de los godos hasta Fernando VI; mientras que al nivel del piso principal, sobre los pedestales en las esquinas, se erigían por parejas reyes suevos, condes de Castilla, reyes de Navarra, Aragón y Portugal, emperadores americanos precolombinos y dos santos patronos de España. Esta exuberancia escultórica aumentó durante la ejecución de la obra debido a la influencia del erudito fraile benedictino fray Martín Sarmiento, encargado de disponer el complejo programa iconográfico, pero fue bruscamente suprimida por Carlos III, quien para dar al edificio un aire más clasicista mandó retirarlas todas. Sólo con la moderna restauración de las fachadas, concluida en 1973, se repusieron las estatuas que hoy se ven. En las esquinas del piso principal volvieron a sus lugares *Moctezuma*, emperador de Méjico, por Juan Pascual de Mena (izquierda), y *Atahualpa*, del Perú, por Domingo Martínez.

Donde Sabatini colocó las cuatro columnas dóricas que le permitieron dar mayor vuelo al balcón, Fernando VI había ordenado instalar las esculturas de cuatro emperadores romanos nacidos en Hispania: *Honorio* y *Teodosio*, por Olivieri, y *Trajano* y *Arcadio* por Castro; desde

Arriba, Comitiva de Presentación de Credenciales al Rey, entrando por la reja de honor a la Plaza de Armas. ▲
Abajo, Relevo Solemne de la Guardia Real, en la Plaza de Armas.

1791 están en el patio del Príncipe. Sobre el balcón, cuyos tres grandes huecos en arco fueron reducidos también por Sabatini, el relieve de la *España armígera* se debe a Olivieri.

En el ático, el reloj con sus campanas –una procedente del viejo reloj del Alcázar, fechada en 1637; la otra, en 1761– se debe también a Sabatini, que al colocar la esfera eliminó el castillo en relieve, la escultura del león con los dos mundos y las columnas del *Plus Ultra*, que con el zodiaco –subsistente en los laterales– componían un emblema heráldico de la Corona. En los pedestales inmediatos han sido repuestas las esculturas de los reyes que levantaron el Palacio.

El Zaguán y la Escalera principal

En la fachada hay cinco puertas. Por las dos laterales los vehículos entran a los zaguanes chicos y de ahí al Patio, por las tres centrales al Zaguán principal o atrio, donde las columnas de orden toscano en caliza rosada de Sepúlveda dan calor a la blancura de la piedra de Colmenar. Las carrozas que entran por aquí dejan a sus ocupantes –monarcas, jefes de Estado o embajadores únicamente– a mano derecha al pie de la Escalera principal, frente a la cual se alza la estatua de *Carlos III como general romano*, de Pierre Michel.

Las dos escaleras principales gemelas proyectadas por Sacchetti, la de la derecha para el rey y la de la izquierda para la reina, fueron una idea del marqués Scotti, aceptada en 1742. Sacchetti las concibió con gran magnificencia y despliegue escenográfico, pero tropezó con las críticas del propio Scotti y de su protegido Bonavia, que encontraban los peldaños demasiado altos. La obsesión por hacer la subida lo más cómoda posible motivó una polémica cortesana que dio lugar a varios

Zaguán principal, Pierre Michel: Carlos III como general romano, *en la hornacina frente a la Escalera.* ▲

proyectos, entre los que destacan los de Bonavia, el de los importantes arquitectos romanos Vanvitelli, Fuga y Salvi, y las alternativas que el propio Sacchetti planteó a lo largo de aquellos años, tomando cada vez más espacio hacia las fachadas de Oriente y Poniente.

Bonavia fue el primero en proponer una caja de escalera diáfana, sin apoyos intermedios, planteamiento en el que lo siguieron tanto Sacchetti como los arquitectos de la academia romana de San Luca, a la que se consultó en 1746. Fuga, Salvi y Vanvitelli, aprobando a Sacchetti, enviaron sin embargo un hermoso diseño suyo como solución idónea, pero como no sedujo a los Reyes, la polémica hubo de ser solucionada a finales de 1746 por los directores de la naciente Real Academia de Bellas Artes de San Fernando. Sacchetti salió vencedor con su proyecto más ambicioso, y durante los años siguientes llevó a cabo estos dos espacios que ahora son la Escalera principal y el Salón de Columnas; pero las rampas, cuya disposición ingeniosa y teatral ofrecía nueve salidas en la planta principal, sólo llegaron a hacerse de madera para que el Rey apreciase el efecto.

Pero a Carlos III lo contrariaron tanto la forma que el turinés había dado a las rampas como la distribución de las antecámaras para entrar a su Cuarto y al de la Reina y, teniendo en mente la escalera que le había construido Vanvitelli para el gran Palacio de Caserta en Nápoles, ordenó a Sabatini que levantase una sola como aquélla en una de las dos cajas y transformase la otra en salón de baile.

Así, en 1760 Sabatini realizó la Escalera tal y como hoy la vemos, pero en el lado opuesto, el izquierdo, mas cuando en 1789 Carlos IV accedió al trono, ordenó al mismo arquitecto que la trasladara a la derecha, como ahora está, por las razones de distribución ya comentadas.

Sabatini reutilizó los mismos materiales y peldaños, labrados de una sola pieza en mármol de San Agustín, muy bajos y amplios, de modo que la subida es extremadamente suave, cuestión importante sobre todo para las sillas de mano en que las señoras accedían al piso principal.

El tiro central desemboca en un gran rellano donde conviene acercarse al muro para abarcar con la vista todo el espacio: los leones son de dos escultores diferentes: menos movido el del gallego Felipe de Castro, y más suelto el de Robert Michel, que vuelve airosamente la cabeza. Los cuatro grandes jarrones de mármol blanco de Carrara, con bajorrelieves de caza y trofeos alegóricos, forman parte de una serie de veintiocho que fueron esculpidos entre 1721 y 1728 por Jean Thierry para los jardines de La Granja de San Ildefonso, donde estuvieron hasta que Carlos IV ordenó su traslado; los restantes se encuentran en Aranjuez.

La decoración íntegra de la bóveda, terminada aún en vida de Fernando VI, se debe a Corrado Giaquinto, bajo cuyos diseños elaboró los estucos J. B. Andreoli. Los frescos son la segunda obra de Giaquinto en Palacio después de los de la Capilla y, como cuando se pintaron estaba vigente el proyecto de Sacchetti para la Escalera, están pensados para ser contemplados desde lo que entonces era la salida principal, que es la tribuna llamada *Camón*, que ahora preside la estatua sedente de *Carlos IV como emperador romano*, por Ramón Barba (1817).

Por esta razón es importante acercarse al muro para observar la alegoría central que representa *La Religión protegida por España*, mientras que según ascendemos por las rampas laterales vamos descubriendo las hermosas personificaciones de *La Abundancia, La Paz*, (a la izquierda) *La Justicia y La Magnificencia*

C. Giaquinto: *La Religión protegida por España*. J.B. Andreoli: *decoración de estucos. Bóveda de la Escalera principal.* ▶

◀ Escalera principal. *Perspectiva desde el rellano central hacia el desembarco de la planta principal.*

españoles de la Casa de Borbón, *Felipe V* y su segunda esposa *Isabel de Farnesio*, por René Fremin, que diseñó también los magníficos pedestales de mármol y bronce. Proceden del Palacio de La Granja.

Cuarto del Rey Carlos III

Salón de Alabarderos

SACCHETTI LO concibió como salón para bailes y fiestas, con unas tribunas a la altura de las ventanas para situar a los músicos; pero Carlos III lo destinó a sala para la guardia, y por ello Sabatini lo decoró del modo más sencillo posible con pilastras toscanas, en lugar de la rica ornamentación que hubiera poseído. También es de 1760 el pavimento de piedra de Colmenar y roja de El Molar, cuyas losas estaban en principio destinadas al solado de la Galería principal que en este piso rodea el Patio; así es también el de la Saleta, que no se ve por cubrirlo la alfombra.

Pero esta noble sencillez no impedía desplegar la riqueza pictórica en el fresco, donde Gianbattista Tiepolo realizó una de sus obras maestras, *Venus encomendando a Vulcano que forje las armas para Eneas*, tema inspirado en un pasaje de la *Eneida* de Virgilio y escogido por la función militar del lugar, aunque parece también aludir a Carlos III como héroe guerrero y a su madre la Reina Isabel de Farnesio como promotora de sus conquistas italianas.

Hasta el siglo XX el mobiliario de esta sala era sencillísimo, reducido a bancos y otros objetos para uso de los alabarderos. A ambos lados de la chimenea, cuatro de las ocho consolas de caoba y bronce dorado, realizadas entre 1793 y 1802 según diseño de Francesco Sabatini para la Pieza de Comer o Saleta de

(a la derecha), en las que los contemporáneos reconocían las virtudes características del reinado de Fernando VI. *Hércules levantando las columnas de Gibraltar ante Neptuno*, en el *Camón*, sobre la entrada que Sacchetti dispuso fuese del Cuarto del Rey, y *El triunfo de España sobre el poder sarraceno* sobre la puerta del Salón de Alabarderos, junto con otros pequeños medallones, completan el conjunto pictórico.

Es inevitable evocar aquí dos anécdotas: una de Napoleón, que en su visita a Madrid se detuvo en el rellano y, volviéndose al flamante Rey José, le dijo: "Hermano, vas a tener una casa mucho mejor que la mía"; la otra es la célebre *Batalla en la Escalera de Palacio*, intento de rapto de la Reina niña Isabel II por el general Diego de León y sus soldados, a quienes hicieron frente los alabarderos a las órdenes del coronel Dulce (1841).

En el desembarco de la escalera hay otros dos importantes retratos escultóricos de reyes

▲ *René Fremin:* Felipe V. *Mármol y bronce, s.* XVIII. *Desembarco de la Escalera principal.*

G.B.Tiepolo: Venus encomendando a Vulcano que forje las armas para Eneas. *B. Rusca: decoración de estucos.* ▶
Bóveda del Salón de Alabarderos.

Carlos IV en este mismo Palacio. Sobre ellas, relojes franceses y dos modelos, en bronce y piedras duras, de la fuente de los Cuatro Ríos que Bernini esculpió para la Piazza Navona de Roma. Encima, los lienzos son dos buenas copias antiguas de figuras pintadas por Rafael en la *Stanza della Segnatura* del Palacio Vaticano, y dos *Paisajes con escenas mitológicas*, por B.M. Agüero, de finales del siglo XVII.

Del lado del Patio hay otras dos consolas de principios del siglo XIX en madera tallada y dorada, pero sus tableros son de mármol y escayola pintada, italianos del siglo XVII; sobre ellas, un hermoso modelo de templete monóptero, de finales del XVIII, del Buen Retiro, y otro en bronce de la Columna Trajana. Los dos cuadros, *Pasajes de la vida de Salomón*, por Luca Giordano, sirvieron, con otros del mismo tema y artista, como modelos para los tapices del Cuarto del Rey en este Palacio Nuevo, tejidos en la Real Fábrica de Tapices bajo la dirección de Corrado Giaquinto. De la misma manufactura son el repostero con las armas reales sobre la chimenea y las cubiertas de los bancos para la Capilla, todo del XVIII.

Salón de Columnas

El Salón de Columnas ocupa la caja de la Escalera que según los proyectos de Sacchetti habría servido para acceder al Cuarto de la Reina, por lo que sus muros son completamente iguales a los de aquélla por la que hemos subido. La bóveda es diferente porque fue ya decorada en tiempo de Carlos III, que hizo disponer aquí la Escalera principal tal y como ahora aparece en el lado opuesto, y por tanto los estucos estaban diseñados ya por Sabatini, y realizados por Bernardino Rusca en 1761, a la vez que los del Salón de Alabarderos; los cuatro medallones en bajorrelieve representan los

Salón de Columnas, desde el muro oriental. ▲

Cuatro Elementos. Entre 1762 y principios de 1763 pintó Giaquinto el fresco, cuyo efecto está pensado por tanto para ser visto desde el primer tramo de la desaparecida escalera de Sabatini: conviene por tanto observarlo desde muy cerca de la entrada a la sala y, si es posible, agachándose. El tema supone una alusión al Rey en la figura de Apolo como deidad solar, pues representa *El Sol ante cuya aparición se alegran y animan todas las fuerzas de la Naturaleza*. Apolo, que avanza en su carro por el anillo del zodiaco, está acompañado por las Horas y precedido por la Aurora y el Céfiro. Más abajo, las Estaciones del año y los Elementos están simbolizados por Ceres, Baco, Venus, Vulcano, Diana, Pan y Galatea.

También de Giaquinto, y su última obra en Palacio, es *La Majestad de la Corona de España*, sobre la puerta por donde hemos entrado; cuando se pintó correspondía al emplazamiento de la Escalera, y por tanto la imagen advertía a los visitantes que iban a acceder a las habitaciones reales.

Desde que Carlos IV trasladó aquí el salón de baile, éste fue el escenario de los banquetes y festejos cortesanos, que no sólo eran de diversión, sino también de ceremonia. Por ejemplo, el Jueves Santo el Rey lavaba los pies y servía la cena a doce pobres que simbolizaban a los Apóstoles, ante toda la Corte que presenciaba la escena. El lavatorio, que era una costumbre piadosa que llevaban a cabo otros monarcas europeos además del español –y aun hoy el Papa– continuó realizándose hasta el reinado de Alfonso XIII. Precisamente los tapices que cubren los arcos ilustran *Los hechos de los Apóstoles*, y fueron tejidos en Bruselas a principios del siglo XVII según los cartones que Rafael pintó para la célebre tapicería que se conserva en el Vaticano. Flamencas son también tres de las esculturas de bronce, parte de la serie de *los Siete Planetas* fundida por Jonghellinck

hacia 1570: *El Sol*, *la Luna* y *Venus*. La cuarta escultura es una copia en bronce del *Gladiador con disco*, mandada reproducir en 1651 por Velázquez en Roma. También italianos y de épocas diversas son los bustos de emperadores en pórfido y mármoles.

La gran estatua de *El Emperador Carlos V dominando el Furor* es una copia decimonónica, encargada al broncista parisino Barbedienne en 1878, del original de Leone Leoni que se encuentra en el Museo del Prado. Su colocación aquí en 1879, sobre un pedestal neoplateresco, es un rasgo que evoca las glorias de la rama española de los Habsburgo enlazándolas con las de los Borbón, y en este sentido debe ser entendido dentro de la reorganización de los espacios y de la decoración del Palacio por Alfonso XII, que inauguró también un salón específicamente destinado a bailes y comidas de gala: por ello este Salón de Columnas quedó desde entonces dedicado únicamente a los acontecimientos más formales, ya fueran de ritual como el Lavatorio, ya luctuosos como la exposición del cadáver de la Reina Mercedes, ya políticos como la firma del Tratado de adhesión de España a la Unión Europea en 1985, rubricada sobre la monumental *Mesa de las Esfinges*. Esta obra característica del gusto imperio, relacionada con el estilo de Percier y Fontaine, ha sido atribuida al broncista Thomire; lo cierto es que fue adquirida por Carlos IV a la viuda de Godon en 1804. Su tablero constituye un muestrario de mármoles y piedras duras de variada procedencia extranjera.

Las arañas de bronce, también parisinas (hacia 1846) corresponden sin embargo al reinado de Isabel II, periodo en que con más frecuencia y pasión se utilizó esta sala para fiestas y bailes.

Desde aquí se pasaba a la Antesala (Saleta de Carlos III) según el recorrido ceremonial vigente desde Carlos IV, pero la visita intenta

C. Giaquinto: El Sol ante cuya aparición se alegran y animan todas las fuerzas de la Naturaleza. ▶

B. Rusca: decoración de estucos. Bóveda del Salón de Columnas.

seguir en lo posible el orden del Cuarto del Rey, bajo el reinado de Carlos III.

El orden ceremonial de las salas de Palacio estaba regido por la etiqueta: cada aposento estaba destinado a un cometido concreto y el acceso era progresivamente más restringido. El embrión de este tipo de distribución, que se remonta a principios del XVI, es un núcleo de dos piezas: la Sala, para recibir, y la Cámara, para dormir. Al introducir otras previas e intermedias surge la secuencia del Cuarto del Rey: Antesala-Sala-Saleta-Antecámara-Cámara-camarillas o gabinetes. El mismo orden regía las habitaciones de las demás *Reales Personas*, pero con amplitud decreciente según el rango de cada una.

Salón del Trono

El Salón del Trono, llamado también de Besamanos del Cuarto del Rey, de Reinos, o de Embajadores, conserva la totalidad de su conjunto decorativo tal y como fue ideado y realizado en el reinado de Carlos III, pues quedó completamente acabado en 1772. La reciente restauración ha devuelto todo su esplendor a esta magnífica sala, mediante la limpieza del fresco y la sustitución del terciopelo original por otro nuevo, pasándose el bordado a éste.

Aquí recibía el soberano todas las audiencias de ceremonia, hasta la última, pues en este salón, de acuerdo con la etiqueta, quedaba expuesto el

◀ *Salón del Trono, perspectiva desde el muro de Poniente.*

cadáver del Rey difunto antes de su traslado al Panteón de San Lorenzo el Real: entonces se retiraban las mesas, los adornos de espejos y el solio y se cambiaba la colgadura.

Aunque Sacchetti pensó cubrir todas las paredes de esta galería con mármoles que enmarcarían espejos y bajorrelieves, nada se hizo antes de la llegada de Carlos III. El Rey prefirió que la decoración de esta sala fuese dirigida por su hombre de confianza en materias de buen gusto, el conde Gazzola, que encargó los diseños para el mobiliario al arquitecto piacentino Giovanni Battista Natali. A Gazzola parece que también puede atribuirse la elección del pintor y del escultor que decoraron la bóveda.

El magnífico efecto de esta unión entre pintura, escultura y diseño decorativo alcanza su punto máximo de expresión en las rinconeras de la bóveda y en las sobrepuertas. El Escultor de Cámara Robert Michel, autor de los estucos decorativos en las sobrepuertas y en la sobrecornisa, demostró una brillantez y una frescura de invención comparables a las de la última obra maestra que el gran Tiepolo realizaba en la bóveda, elogiada desde su creación hasta nuestros días.

La grandeza y poder de la Monarquía española se expresa aquí mediante un gran número de figuras alegóricas y alusivas que concurren sobre un fondo de cielo abierto. Cuando Tiepolo pintó el fresco se accedía a la sala

●

G.B. Tiepolo: La grandeza y poder de la Monarquía española. *R. Michel: ornamentación de estucos.* ▲
Bóveda del Salón del Trono.

desde la actual Saleta Oficial, que era entonces Antesala del Cuarto del Rey –donde la bóveda está también pintada por él con un tema semejante– de forma que la composición debe entenderse entrando por aquel lado, el opuesto a donde nosotros nos encontramos: avanzando desde allí hacia la mitad de la sala se divisa perfectamente el grupo central, que es la *Monarquía española,* cuyo trono, asentado sobre un gran globo, está flanqueado por las estatuas de Apolo y Minerva, rodeadas por la Ciencia del Gobierno, la Paz y la Justicia, cerca de las cuales vuela la Virtud, y por la Abundancia y la Clemencia. Un anillo de nubes rodeado de genios, uno de los cuales sostiene la corona real en el mismo centro de la bóveda, sirve de dosel al trono de la monarquía. Detrás de toda esta parte de la composición pictórica, y muy apropiadamente situado en lugar inmediato sobre la entrada al Cuarto del Rey, figura un

pilar monumental en honor a Carlos III, con las figuras de la Magnanimidad, la Gloria, la Afabilidad y el Consejo, y muy cerca las de las Tres Virtudes Teologales, más la Prudencia, la Fortaleza y la Victoria; por último, las Bellas Artes "representadas en uno de los ángulos de la bóveda, manifiestan con sus atributos que van a perpetuar las glorias del gran príncipe que ha sido su restaurador", como dice Fabre en su *Descripción de las alegorías…,* 1829.

Esta glorificación de la monarquía y del soberano es la parte principal de la alegoría; la otra mitad del cielo que la bóveda finge ser, la más alejada de nosotros, está poblada por los dioses del Olimpo. Destacan entre ellos Mercurio que, como embajador de los dioses ante la monarquía, parece anunciarle de parte de Júpiter la Paz; Apolo, dios solar y protector de las Artes, está exactamente a la altura del trono del Rey; a la izquierda de éste se

▲ *G.B. Tiepolo:* Neptuno en su carro con las Nereidas, y otras deidades del Olimpo, mas las figuras alegóricas de Virreinatos americanos de la Corona española. *Detalle de los frescos frente al solio del Salón del Trono.*

encuentra Marte expulsando al Crimen y a las Furias, mientras que enfrente del trono, en posición dominante, aparece Neptuno.

Ya en la parte más baja del fresco, encima de la sobrecornisa, se extiende una nutrida gama de personajes que son quizá lo más apreciado de esta composición. Representan los reinos de la Península y los países pertenecientes entonces a la Corona de España: en el lado por donde hemos entrado, están Andalucía, Cataluña y Aragón, Castilla y Granada; al opuesto las Indias Orientales, además del País Vasco, Cantabria, Asturias y Murcia; y en la banda larga sobre los balcones, empezando por el extremo más alejado, América, con Cristóbal Colón y varias figuras alusivas al Descubrimiento, y luego León, Galicia, Valencia y Extremadura. Identificarlas no es fácil, pues Tiepolo creó la composición con gran libertad de artista, en clave de

exotismo fantástico y nada preocupado por el rigor, sino con gracia y bizarría pintoresca en el conjunto y los detalles, como el paje que, justo sobre el dosel del trono, intenta capturar un guacamayo, precisamente frente al grupo que alude a América.

El resto de la decoración, compuesta por las consolas, los espejos, el dosel, el sillón y la colgadura, ha de ser entendido como un todo concebido por Gazzola y su equipo italiano de artistas, que no dudaron en recurrir a su lugar de origen para contratar la elaboración de la totalidad de los elementos, en respuesta a las preferencias de Carlos III por las fórmulas estéticas napolitanas.

En este sentido, la colgadura de terciopelo, por su calidad excepcional, fue tejida en Génova ex profeso, y enviada a Nápoles para ser recamada con hilo de plata sobredorada por Andrea Cotardi o Gottard, bordador de

Izquierda, G.B. Natali: recamado de hilo de plata sobredorada bordado por A. Cottardi. Detalle de la colgadura de terciopelo. ▲
Derecha, J. Jonghellinck: El dios Júpiter, *de la serie* Los Siete Planetas. *Bronce pavonado y dorado. Salón del Trono.*

aquella Corte. Los patrones se deben a Giovanni Battista Natali, pintor piacentino paisano de Gazzola, escogido por sus diseños entre los convocados en Madrid, París y Nápoles, aparte de ser también el autor de la traza de las consolas y de los espejos realizados por el tallista Gennaro di Fiore. Entre el verano de 1765 y noviembre del año siguiente fueron quedando dispuestos todos los elementos decorativos para el Salón de Besamanos, pero no ocuparon el lugar para el que habían sido concebidos hasta 1772.

El conjunto decorativo diseñado por Natali es una obra clave de la fantasía del rococó italiano. Con el magnífico exotismo de Tiepolo, vagamente alusivo a la vasta extensión de la monarquía española, concuerdan perfectamente los temas ornamentales característicos del barroco tardío que Natali dispuso en la *rocaille* de los doce espejos y mesas formando juego: *las Cuatro Partes del Mundo, las Cuatro Estaciones del Año –o las Cuatro épocas de la Vida–* y cuatro *Virtudes*; que de forma orquestada escenifican un amable elogio retórico del Poder en su sede más representativa.

Las esculturas de bronce pavonado que adornan el salón se instalaron en la misma época, aunque son anteriores: las *Cuatro Virtudes Cardinales* que están en el muro del trono suelen adscribirse a René Fremin como realizadas para el retablo de la Colegiata de La Granja, pero también se han atribuido a Foggini. *Mercurio, Júpiter, Saturno* y *Marte* constituyen, junto con los otros tres que están en el Salón de Columnas, la serie de los *Siete Planetas* debida a Jonghellinck; las otras dos, un *Sátiro* y el *Germánico*, son vaciados de estatuas clásicas mandados reproducir por Velázquez en Roma. También romanos son los cuatro leones de bronce dorado que custodian las gradas del trono, realizados por Matteo

Bonicelli en 1651 por encargo del insigne pintor –junto con otros ocho más conservados como soportes de mesas en el Museo del Prado– para decorar el Salón de los Espejos en el Alcázar madrileño.

Las dos arañas de cristal de roca y plata fueron adquiridas en 1780 al embajador de Venecia, Francesco Pesaro, por recomendación entusiasta de Sabatini. No deja de ser paradójico que tales muebles, tan anticuados para esa fecha, vinieran a completar este conjunto rococó cuando su estilo estaba ya pasado de moda, y sólo diez años antes de que Sabatini empezase a proyectar para esta sala, por encargo de Carlos IV, una nueva decoración radicalmente arquitectónica y clasicista en mármoles y bronces con pilastras corintias, que no se llevó a cabo.

A Carlos IV se debe la adquisición de tres de los cuatro magníficos relojes de compleja maquinaria horaria y musical: a la derecha del solio, gran reloj de pie con caja de ébano y bronces estilo Luis XVI del ebanista B. Lietaud y maquinaria del parisino Ferdinand Berthoud, hacia 1780; en las dos consolas de enfrente, sendos relojes monumentales de sobremesa, también de la misma época y estilo, en mármol blanco y bronces dorados, uno con las figuras de la Música y la Astronomía, por Furet y Godon, y el otro con alegorías representativas de la Música, por *F. L. Godon, relojero y maquinista de S.M.C.* A la izquierda del solio, el otro gran reloj de pie con caja de ébano y bronces *rocaille* estilo georgiano inglés del siglo XVIII, por John Ellicot, regalo de la Corte de Portugal por los esponsales de Bárbara de Braganza con Fernando VI.

Fernando VII respetó la decoración de época de su abuelo, añadiéndole la gran alfombra tejida en la Real Fábrica de Madrid

Solio del Trono y detalle de la alfombra fernandina de la Real Fábrica con los **Ambos Mundos,** *emblema de los dominios de la Monarquía española en el s. XVIII.* ▲

que cubre la taracea geométrica de mármoles de colores del suelo. A su reinado y al de su padre corresponden los candelabros de estilo Imperio sobre las consolas.

Por último, hablemos de la pieza que da nombre a la sala, el trono: el sillón original, del que son copia fiel los dos que aquí se ven, se conserva en las colecciones de Palacio y lleva el retrato de Carlos III en el relieve del medallón que corona el respaldo. Alfonso XII mandó reproducir el mueble, incluyendo su perfil en el óvalo; lo mismo hizo Alfonso XIII, añadiendo otro sillón con el retrato de la Reina Victoria Eugenia para colocarlos juntos; de igual forma, los actuales muestran las imágenes de Sus Majestades Don Juan Carlos y Doña Sofía.

Saleta de Carlos III

La Saleta era la pieza donde el Rey comía y recibía las audiencias ordinarias, según describen los viajeros contemporáneos:

"Su Majestad come solo en la sala de su Cuarto reservada para ello, y es allí, puesto a la mesa, donde los ministros le presentan sus respetos. Apenas había comenzado a comer el Rey, lo saludaron y se retiraron para ir al Cuarto del Príncipe, que también estaba comiendo. Después volvieron ante el Rey, poco antes que la mesa de éste se levantara. A veces lo acompañan hasta su Gabinete y se quedan allí con él durante un cuarto de hora, y es entonces cuando el Rey charla con algunos de ellos.

Un gentilhombre pone los platos sobre la mesa del Rey en cuanto se los pasan; luego son los pajes quienes se los llevan. El que presenta al Rey el agua o el vino se pone de rodillas cuando el Rey empieza a beber. Durante toda la comida el Nuncio permanece de pie a algunos pasos delante de la mesa, y el Rey habla casi exclusivamente con él. [...] El

Saleta de Carlos III, perspectiva desde el ángulo noroeste. ▲

Patriarca dice las gracias; está vestido de azul al igual que el Nuncio y el Confesor. Esta oración dura apenas dos o tres segundos. El Rey se santigua, se limpia la boca y las manos y entra en su Cuarto…" (Moldenhawer, 1782).

En el reinado de Carlos III sus paredes estaban cubiertas durante el invierno con los tapices de la serie de la *Historia de José, David y Salomón*, tejidos en la Real Fábrica bajo la dirección de Corrado Giaquinto, y durante el verano con ocho grandes retratos ecuestres, obras capitales de Rubens y Velázquez, ahora en el Museo del Prado. Pero desde el reinado de Fernando VII los cuadros que están colgados son cuatro de Luca Giordano, dos de la *Vida de Salomón* y otros dos de historia romana: *Marco Curcio se arroja a la sima* y la *Muerte de Séneca*.

Sin embargo, llama la atención la bóveda pintada al fresco en 1774 por A. R. Mengs, *La apoteosis de Trajano*. Este emperador romano nacido en España, utilizado aquí como el alter ego de Carlos III, se presenta en el lado de la

bóveda que está frente a la entrada sentado en su trono, revestido de la púrpura imperial y rodeado por Minerva, Hércules y por la Gloria que lo corona. Diversas alegorías de la Victoria y de sus virtudes se agrupan en los lados largos, mientras en el testero de enfrente las nueve Musas y las Artes, entre otras personificaciones, rodean el templo de Apolo. Es todo un discurso sobre las virtudes del Monarca ilustrado, su protección a las Artes, etc.

El estuco diseñado por Sabatini fue realizado por Andreoli entre 1761 y 1763. También del reinado de Carlos III son todos los elementos marmóreos y, aunque entonces no eran éstas las que había aquí, las cuatro consolas y sus correspondientes espejos. De París proceden las dos grandes arañas fernandinas y el diván circular de 1846 con las iniciales de Isabel II en la tapicería, coronado por un candelabro monumental en bronce de Thomire, pero que no se colocó aquí hasta finales del XIX, cuando se instalaron los largos divanes en los testeros y se tallaron los taburetes. La alfombra de la Real Fábrica está fechada en 1880; de esos años era también la seda de los muros que por su deterioro ha sido reproducida y repuesta en 1994.

Desde que Carlos IV mandó trasladar la Escalera principal a su actual emplazamiento, esta sala, a la que se entraba directamente desde el Salón de Columnas, fue la primera pieza del Cuarto del Rey, que desde aquí continuaba hacia Oriente, en orden inverso al de Carlos III, entonces destinado al Príncipe de Asturias.

Antecámara de Carlos III

La Antecámara o Pieza de la Conversación era donde el Rey cenaba, y así está representada con una bóveda idealizada en el óleo de Paret *Carlos III comiendo ante su Corte*, que se

▲ *A.R. Mengs:* La Fama proclamando el nombre del Emperador, *detalle del fresco* La Apoteosis de Trajano. *Bóveda de la Saleta de Carlos III.*

corresponde perfectamente con las descripciones que hacen de esta escena los contemporáneos, como el duque de Fernán-Núñez o los viajeros franceses e ingleses: "En la cena los pajes traen los diferentes platos y se los presentan a uno de los gentileshombres de Cámara que ese día están de servicio; éste los pone sobre la mesa; otro gentilhombre permanece de pie junto al Rey para escanciarle vino y agua, que antes prueba y luego presenta hincando la rodilla; el Patriarca asiste para impartir la bendición, y también, más distante, se halla el Inquisidor General a un lado, y al otro el Capitán de Guardias. Los embajadores forman círculo en torno y conversan con el Rey un corto rato cuando se retiran con él a la sala próxima a la que se entra por la puerta que está detrás de su sillón. El resto de la Corte forma otro círculo exterior. Cuando el Rey se levanta de la mesa se adelantan todos los que habían de serle presentados, y si el Corregidor de Madrid recibe tal indicación entra con los embajadores en la Cámara. El Rey sale a hacer ejercicio todos los días del año, sea con lluvia o temporal, aunque si es en Madrid sólo lo hace por la tarde, pero si está en el campo, en alguno de los Sitios, sale mañana y tarde" (William Dalrymple, 1774).

En la época de Carlos III decoraban esta sala los tapices de la *Historia de José*, tejidos en la Real Fábrica sobre cartones pintados en 1770 por José del Castillo bajo la dirección de Giaquinto, pero durante el verano colgaban aquí obras maestras de Ticiano, Van Dyck y Velázquez, como *Las Meninas*. A esta sala estaban

L. Paret y Alcázar: Carlos III comiendo ante su Corte, *s. XVIII. Museo del Prado.* ▲

alude el hermoso grupo de Apolo y las Musas sobre la puerta de entrada. Los sobrios estucos decorativos, realizados por Bernardino Rusca, fueron también diseñados por el pintor y no por Sabatini, que cedió ante su amigo Mengs tras haberse enfrentado a causa de este cometido con Giaquinto, quien en principio iba a decorar la bóveda. Este incidente, con sus rivales favorecidos por el Rey, provocó que el pintor de Fernando VI se decidiese a abandonar España, ya viejo y enfermo. Los cuatro relieves ovales de los ángulos se deben a Felipe de Castro.

Los óleos, obras maestras de Goya, son dos parejas de retratos de *Carlos IV* y de su mujer la Reina *María Luisa de Parma*: una es más formal, mostrando al Rey con uniforme de coronel de la Guardia de Corps y a ella en traje de Corte, mientras que en la otra, más desenfadada, él está vestido de caza y ella a la española, de maja, con basquiña y mantilla. Estos lienzos son los más destacados de los que hoy se pueden contemplar en Palacio, y los dos primeros han estado en esta sala desde el reinado de Fernando VII. El contrapunto de la obra goyesca nos lo ofrecen los bustos en mármol de la misma pareja real, por Juan Adán (1797).

También del reinado de Carlos IV son las consolas, los taburetes y el monumental reloj en forma de templete, de caoba, bronces y porcelana, con órgano de flautas –cobijado en la base– y esculturas que representan, dentro del templete a *Cronos sosteniendo la esfera celeste*, en mármol blanco, y sobre la cúpula a *La Caridad*, en porcelana. El diseño se atribuye a J. D. Dugourc. Es la última obra (1799) del relojero Louis Godon, notable proveedor de objetos parisinos de decoración para Carlos IV. La derivación de este estilo en las tres primeras décadas del siglo XIX, durante el reinado de Fernando VII, puede observarse en los sillones y en el gran diván circular de caoba y bronces.

destinadas las magníficas consolas de piedras duras y bronces, obra maestra de la Real Fábrica del Buen Retiro, que actualmente se conservan en el Museo del Prado.

Del reinado de Carlos III subsiste la decoración de mármol y la magnífica chimenea que, excepcionalmente, conserva sus bronces. Pero la pintura de los lienzos y de la bóveda es la protagonista absoluta en esta sala.

El fresco por Anton Raphael Mengs representa *La Apoteosis de Hércules*: el héroe, tradicionalmente utilizado en España como personificación o emblema del Rey, es recibido entre los dioses en el Olimpo como recompensa a sus grandes hazañas: se trata de ensalzar a Carlos III como héroe militar y político, y también como protector de las Artes, a las que

▲ *F. de Goya:* La Reina María Luisa de Parma con atuendo de Corte. *Antecámara de Carlos III.*

Antecámara de Carlos III, desde el ángulo noreste. ▶

La Cámara era la pieza donde el Rey se vestía y recibía las audiencias reservadas, por lo que no debe extrañar el primor con que Carlos III quiso decorarla, encargando los diseños para todos y cada uno de los elementos a su Pintor de Cámara, Mattia Gasparini, a quien había hecho venir con él de Nápoles: es lógico que el nombre del artista sirva para denominar esta sala de Palacio desde tiempos de Fernando VII, porque el suelo de taracea de mármoles, la bóveda de estuco, la colgadura bordada en seda e hilo de oro y plata, los muebles de maderas preciosas y bronces, todo fue diseñado por Gasparini, que dirigió hasta su muerte esta obra cumbre del *barochetto* continuada bajo la supervisión de su viuda e hijo y de su sucesor en el cargo de Adornista de Cámara, G. B. Ferroni.

Aunque encargada y costeada desde Madrid por quien había sido Rey de Nápoles, la sala fue realizada por artífices italianos y ebanistas alemanes, por lo que en realidad es una obra internacional entre las más perfectas del barroco tardío europeo. Aquí brilla en su máximo esplendor la ornamentación vegetal y asimétrica del rococó, cargada de fantasía exótica de inspiración chinesca. Es imposible dejar de admirar su magnificencia, pero para poder apreciar la atmósfera creada, abandonándonos a la compleja fascinación de sus riquísimos arabescos, es preciso olvidar que acabamos de paladear a Goya y a Mengs, huyendo al mundo de ensueño sugerido de forma similar en el Salón del Trono.

Este conjunto decorativo se conserva íntegro, y desde luego más completo que cuanto pudieron contemplarlo su artífice y el monarca que lo encargó, pues la ejecución de la ingente labor decorativa se alargó varios lustros: dado que la colgadura bordada no se concluyó hasta 1802, catorce años después de fallecer Carlos III, durante su reinado las paredes estaban cubiertas en invierno con tapices de la Real Fábrica –sobre cartones de Antonio González Velázquez según el estilo de David Teniers, a quien tan aficionado era el Rey–, y en verano con obras de Diego Velázquez tales como *La Fragua de Vulcano, Las Hilanderas y Los Borrachos,* además de Murillos, Riberas y Tizianos. Como el Rey sentía predilección por Mengs, se incluyó su lienzo póstumo de *La Anunciación,* actualmente en la Real Capilla.

El *Reloj del Pastor,* adquirido por Fernando VI en 1758, que se encuentra sobre la chimenea. Es la obra maestra de Jacquet Droz, tanto por su bella caja de estilo Luis XV como por su compleja maquinaria con música y autómatas, uno de los cuales le da el nombre. Del mismo relojero suizo y estilo es la otra pieza, que adorna la consola entre los dos balcones.

La colgadura bordada no se instaló hasta 1815. Alfonso XII la hizo restaurar en 1879, y desde entonces se encuentran guardadas las cortinas, igualmente bordadas, que cubrían puertas y ventanas. En la última gran campaña de restauración se ha pasado el bordado a un fondo nuevo de seda.

Salvo la magnífica sillería de maderas finas y bronces, ningún elemento del mobiliario corresponde al conjunto de Gasparini. De la época de Carlos IV son las magníficas consolas, con bronces de D. Urquiza y ebanistería del Taller Real, y los candelabros franceses, entre los que es preciso destacar los de gusto etrusco en porcelana y bronce. La soberbia araña es la de mayor contenido simbólico entre las numerosas encargadas por Fernando VII, e incluye sus cifras y las de su tercera esposa María Josefa Amalia de Sajonia. La mesa pertenece ya al periodo isabelino, habiendo sido diseñada y llevada a cabo en Roma en

1848 por Gerardo Volponi y Guglielmo Chidel bajo la dirección de Filippo Agricola.

Tres pequeñas habitaciones inmediatas que no se visitan fueron los despachos de Carlos III, llamados Gabinetes de Maderas de Indias a causa de la rica decoración de marquetería en maderas preciosas dirigida igualmente por Gasparini, y que luego fue desmontada e instalada en otras salas del Palacio. Fernando VII también los conservó dedicados a su despacho o camarilla, e hizo pintar sus bóvedas al fresco por Luis López.

'Tranvía' de Carlos III

Esta habitación estrecha y larga recibió su disposición y denominación actual en 1880, cuando se trató de hacer más fluido el paso entre Gasparini y el nuevo Comedor de Gala. Hasta entonces había aquí dos piezas: una muy reducida que servía sólo de paso, como ahora, pero materialmente cubierta de cuadros en los reinados de Carlos III y Carlos IV, y atestada de muebles bajo Isabel II; la otra, la más interior y amplia, era el Oratorio de Carlos III, al que se entraba por la Cámara. Diseñado por Sabatini, sus paredes estaban ricamente cubiertas con mármol verde labrado de Lanjarón y bronces cincelados y dorados en 1767-1768 por Urquiza, Vendetti y Beya; la bóveda con estucos, por Bernardino Rusca; el Altar Mayor era un fresco de Mengs, *La Adoración de los pastores*. Otros oratorios semejantes, diseñados y construidos por Sabatini con similar riqueza, también fueron desmontados a finales del siglo XIX. Estos espacios destinados a la devoción de la mañana

M. Gasparini: sillería de maderas finas, bronces y tapicería de seda bordada, elaborada por artesanos alemanes e italianos. ▲
Cámara de Carlos III.

y de la noche constituían una parte importante en la vida cotidiana de las reales personas.

Ahora la decoran dos consolas (c. 1780) cuyo diseño se atribuye a Sabatini. Sobre una de ellas, la *Estatua ecuestre de Luis XV*, modelo reducido del s. XVIII de la original por Bouchardon para la plaza de Luis XV en París. Encima, *Felipe V*, por H. Rigaud, 1701. Al fondo, *La caza del jabalí*, uno de los primeros cartones de Goya para la Real Fábrica de Tapices. En la campaña de restauración de 1991 se tapizaron de nuevo las paredes de esta sala, tejiéndose la seda azul ex profeso con el monograma coronado de Sus Majestades Don Juan Carlos y Doña Sofía.

Sala de Carlos III

Ya en los primeros planos para la distribución de las habitaciones reales esta sala estaba destinada a dormitorio, y efectivamente lo fue de Carlos III desde 1764 hasta su fallecimiento el 13 de diciembre de 1788. Nada permanece de la decoración original de la época que había sido dirigida por Sabatini, en la que destacaban los tapices, la sillería tallada y dorada por Chiani y Balce y los riquísimos bronces de la chimenea por Vendetti. Figuraban cinco pinturas sobre la Pasión de Cristo por Mengs: cuatro sobre las puertas y un gran *Descendimiento* en el lugar que ahora ocupa el *Retrato de Carlos III*, por Mariano Salvador Maella, que muestra al Monarca ilustrado con el hábito de ceremonia de la Orden honorífica de su nombre que había fundado para condecorar el mérito, poniéndola bajo la advocación de la Inmaculada Concepción de la Virgen, de la que era muy devoto. De hecho, el aspecto actual de esta sala es una especie de santuario dedicado a Carlos III y a su Orden por su nieto Fernando VII, como expresa la inscripción latina en la bóveda: "A Carlos III, Monarca religiosísimo,

instituyendo la Orden española bajo la protección de la Virgen Inmaculada / Para premiar la virtud y el mérito / En el techo mismo bajo el cual pasó a mejor vida y a recibir recompensa mayor y celeste de su virtud y de su mérito / Quiso su nieto Fernando VII que se le pintara en el año 1828". Fernando VII, que también había utilizado esta sala como dormitorio cuando era Príncipe, hizo de ella su Pieza de Vestir siendo Rey.

El mobiliario de madera pintada en blanco y dorada es típicamente fernandino; la elegante nueva chimenea neoclásica de orden jónico en mármol blanco, rosado y verde parece ser italiana. También fernandina es la colgadura de *grosgrain* azul con motivos bordados superpuestos alusivos a la Orden: bandas, estrellas, castillos, leones y cifras de Carlos III; es la original, salvo el fondo de seda azul que ha sido repuesto en dos ocasiones, la primera en el reinado de Alfonso XII y la segunda en la restauración de 1986.

Además del efecto de conjunto, lo más notable de esta campaña decorativa es la pintura al fresco en la bóveda, donde Vicente López representó *La Institución de la Orden de Carlos III*: el Rey, revestido de gran gala y con todas las insignias propias de la soberanía, está arrodillado ante la Inmaculada; junto al altar están las personificaciones de la Religión, la Piedad, la Gratitud, la Monarquía española, la Felicidad Pública y el Placer. Sobre la pared meridional de la chimenea figuran la Nobleza, el Honor, el Mérito y la Virtud; y sobre la opuesta una alegoría de los beneficios de la Paz, a la que acompañan "la noble Agricultura" y varios niños que arrojan armas a un abismo llameante donde también se precipita el dragón de la Discordia, mientras huyen el Mal y la Rebelión. Sobre los balcones, la Historia, el Tiempo y la Fama. La decoración de estuco en la sobrecornisa, por José Tomás y

Sala de Carlos III, desde el ángulo suroeste. ▶

◀ *Cámara de Carlos III o Salón Gasparini, desde el ángulo suroeste.*

José Ginés, complementa la del fresco: en los ángulos figuran cuatro emblemas diferentes alusivos al Rey, sostenidos por genios; y en los puntos medios tres relieves referidos a la fundación de la Orden y sus fines.

Fernando VII mantuvo en su emplazamiento original las pinturas de Mengs, y decoró su Pieza de Vestir con muebles que en parte ya no están aquí tampoco, como las consolas y los espejos fernandinos sustituidos bajo Alfonso XIII por los actuales, de estilo rococó y por tanto anteriores. De la enorme profusión de objetos decorativos de bronce permanecen en su lugar dos piezas parisinas extraordinarias: la araña en forma de flor de lis –la figura heráldica de los Borbón– adquirida hacia 1825 por orden de Fernando VII para esta sala; y el ánfora con reloj y autómatas, de bronce dorado y pavonado, por J. F. De Belle (*c.* 1800).

Aunque no se colocó aquí hasta el reinado de Isabel II –que por lo demás respetó íntegramente la decoración fernandina de esta sala–, también data del reinado de Fernando VII el suntuoso *Velador de la Coronación de Carlos X* (1825), en bronce y porcelana de Sèvres, regalo del monarca francés al español.

Gabinete de Porcelana

Animado por su esposa María Amalia de Sajonia, Carlos VII de las Dos Sicilias había creado cerca de Nápoles la famosa Fábrica de Porcelana de Capodimonte. Al heredar el trono de España como Carlos III, mandó que se trasladasen los operarios y los materiales a Madrid en 1760, estableciendo la Real Fábrica del Buen Retiro. El Rey ambicionaba poseer en sus palacios españoles algún gabinete de porcelana que evocara el que dejó construido en el palacio de Portici, y comenzó por el de

Aranjuez. Sólo una vez finalizado éste, a partir de 1765, se inició la fabricación de otro Gabinete de China para el Palacio de Madrid, terminado de instalar en 1771. La obra de porcelana se debe al mismo equipo, dirigido por Giuseppe Gricci, pero se ha señalado siempre el radical cambio de gusto que puede advertirse entre ambas salas: frente a los temas y formas chinescos del Gabinete de Aranjuez, emparentados directamente con el de Portici diseñado por Natali, el de Madrid adopta unas formas tardobarrocas clasicistas que, en general, han sido menos apreciadas que el abierto rococó de la anterior. El diseño está próximo al gusto de Ferroni, pero no está claro a quién se debe atribuir en realidad, habiéndose barajado los nombres de los pintores Juan Bautista de la Torre y Jenaro Boltri, asalariados de la Fábrica.

Tanto los muros como la bóveda se cubrieron con bastidores para recibir los paneles de porcelana integrados por múltiples placas ensambladas entre sí, cuya ornamentación se compone de ménsulas, jarrones y medallones en blanco y oro, con guirnaldas y emparrados en tonos verdes, que enmarcan alegorías de las fiestas dionisiacas.

Los soberbios jarrones en porcelana y bronces son también del Buen Retiro, pero de gusto bien diferente al de la decoración mural, pues son ya de tiempos de Carlos IV, como las consolas sobre las que se apoyan, de madera tallada y pintada; y el reloj-planetario por Breguet, en forma de esfera celeste sostenida por el Titán Atlas, en el centro de la sala.

Sala Amarilla

Esta sala debe su nombre –y el de Pieza de Coronas que recibía en el siglo XIX– a la

colgadura que mandó poner Fernando VII; ahora cubren las paredes varios paños de la tapicería tejidos en la Real Fábrica, sobre cartones de José del Castillo y bajo la dirección de Francesco Sabatini, para el Dormitorio de Carlos III. Además de cubrir los muros, incluía las cortinas de las puertas y balcones, las de la cama y su colcha, y los asientos y otras piezas del mobiliario, como las dos caras de la pantalla de la chimenea, que ahora hacen la función de sobrepuertas. La seda amarilla que encuadra los paños se renovó en 1995.

Al comienzo del reinado de Carlos III esta pieza estaba pensada como Gabinete de la Reina, a la que aludía el tema del fresco pintado por Gian Domenico Tiepolo, *Juno en su carro*. A partir de 1766 quedó al servicio de Carlos III, que lo dotó con profusión de cuadros de Teniers y Brueghel, y buenos retratos de pequeño formato por Van Dyck y Velázquez. De aquel periodo subsiste el zócalo de marquetería de maderas finas realizado por los ebanistas alemanes del taller dirigido por Gasparini.

Fernando VII dispuso aquí su Dormitorio, ordenando que se sustituyese el fresco de Tiepolo por otro de Luis López cuyo tema obedece al nuevo destino de la habitación: *Juno, montada sobre su carro dorado tirado por pavos reales, se dirige acompañada por Himeneo al lugar donde duerme el Sueño.*

El conjunto de muebles franceses, uno de los más notables de Palacio, fue diseñado por Jean-Demosthène Dugourc, renombrado decorador que trabajó en numerosas ocasiones para Carlos IV, primero desde Francia y luego en Madrid, realizando obras que marcan la transición entre el gusto Luis XVI y el imperio. Todavía dentro del primero se adscriben la cómoda y el secreter elaborados hacia 1790 por Forestier y Gouthière. Los demás muebles son piezas características del estilo etrusco,

género en el que Dugourc fue pionero y precursor del estilo imperio. El riquísimo velador, inspirado en piezas de mobiliario halladas en las excavaciones de Pompeya y Herculano, cuenta con un reloj de esfera horizontal realizado por Godon e incorporado en el tablero con cinco círculos concéntricos que marcan horas, meses, zodiaco, calendario y semanario respectivamente. Los seis sillones siguen también modelos arqueológicos que nada tienen de españoles pese a la semejanza de su respaldo con una peineta; son parte de los realizados para el salón grande de la Real Casa del Labrador de Aranjuez. También elaborados hacia 1800 pero madrileños son la alfombra de la Real Fábrica, los dos jarrones del Buen Retiro y el reloj sobre la cómoda, firmado por Manuel Gutiérrez. La lámpara es fernandina –aunque no la que colgaba aquí

J.D. Dugourc: silla de brazos en estilo etrusco, 1797; M. Gasparini: zócalo de marquetería de maderas finas, c 1765. Talleres Reales. ▲

Sala Amarilla. ▶

originalmente– al igual que los candelabros; los apliques del reinado de Isabel II, cuando se utilizaba como Pieza de Vestir por el Rey consorte Don Francisco de Asís. Desde Alfonso XII sirve como Pieza de Estar y de Paso al Comedor de Gala.

Cuarto de la Reina: el Comedor de Gala y salones adyacentes

Comedor de Gala

EL GRAN salón para bailes y comidas de gala nos sorprende por su longitud, pues es el resultado de haber unido los tres centrales de la fachada de Poniente. Estas tres salas, y las otras tres interiores adyacentes a ellas que reciben luz del Patio principal a través de la Galería, formaban durante el reinado de Carlos III el Cuarto de la Reina, que nunca llegó a estar ocupado por la esposa del Monarca, fallecida en 1760 antes de que el Palacio fuera habitable, sino por la Reina Madre Isabel de Farnesio. Las salas que dan a la Galería servían como antecámaras; desde la última de ellas se accedía a la Sala para Comer y Besamanos, que corresponde al tramo más alejado de la puerta por donde entramos; el espacio central era la Cámara, y el más cercano a las habitaciones del Rey el Dormitorio, disposición lógicamente pensada para que los cuartos de los regios esposos quedaran conectados en la intimidad.

Ocupado luego por la Infanta María Josefa y por la Princesa de Asturias, este cuarto volvió a ser utilizado de nuevo por la Reina con Fernando VII, que efectuó importantes obras de reforma y decoración. Bajo Isabel II fue habitado por el Rey consorte D. Francisco de Asís, pero finalmente, con la Restauración borbónica tras la Primera República,

Comedor de Gala, desde el ángulo sureste. ▲

Alfonso XII anhelaba dotar al Palacio con un gran salón donde se pudieran celebrar banquetes y bailes de gala con más de un centenar de invitados, en lugar de disponer de tantos cuartos compartimentados en salas grandes y medianas o gabinetes pequeños. Por tanto, en 1879 encargó a su arquitecto José Segundo de Lema que uniese estas tres salas apeando los muros transversales sobre arcos rebajados sostenidos por columnas pareadas, de manera que tanto la estructura como la decoración de las bóvedas permaneciesen casi intactas. Las obras no finalizaron hasta 1885.

El arquitecto consiguió dar coherencia a un espacio claramente seccionado en tres partes y donde la decoración de las bóvedas es del XVIII, mientras que en los muros la influencia del gusto neobarroco francés contemporáneo es

evidente no sólo en el diseño, que amalgama detalles de procedencia diversa con predominio del estilo Luis XVI, sino en los materiales empleados, pues las columnas son de mármol de Bagnères y la mayor parte de la ornamentación de bronce se realizó en París, incluyendo las quince arañas y los diez apliques. También son parisinas las ciento cuarenta y cuatro sillas que acogen a los comensales cuando se verifica la máxima concurrencia; la mesa nunca se pensó sino como un armazón funcional sin valor manifiesto como mueble decorativo, desmontable para ser retirado cuando la estancia es transformada en Salón de Bailes.

En cuanto a la decoración de las paredes, se optó por una solución muy propia del gusto historicista de la época, cubriendo los espacios libres con tapices de la Colección Real pertenecientes a la serie llamada de *Vertumno y Pomona*, tejida a finales del siglo XVI en Bruselas por Pannemaker sobre cartones de Vermeyer. Completan la decoración del salón alfonsino doce grandes tibores chinos del siglo XVIII, y varios jarrones monumentales franceses del siglo XIX, de bronce dorado y porcelana de la Manufactura de Sèvres: seis que forman serie con escenas históricas relativas a los reyes de Francia y España, pintados por Lachassagne y Renaud (1830) y otros dos con paisajes, ya de mediados del mismo siglo, ante los balcones de los extremos.

Por último, para contemplar los frescos, retrocedamos en nuestros pasos evocando el ambiente del Cuarto de la Reina antes de la creación del Comedor. En el primer ámbito, donde se situaba el Dormitorio, el fresco se debe a Mengs y representa *La Aurora*. En 1880 se destruyeron los estucos originales y otras escenas del mismo pintor que complementaban la bóveda, representando *Los cuatro momentos del día* alrededor de la escena central, porque se

▲ Tibor del Fénix. *China, época Ch'ien-lung, 1736-1795, Dinastía Ch'ing (1644-1912). Comedor de Gala.*

reprodujo la decoración de estuco de Sabatini en la bóveda equidistante al otro extremo del Comedor, con el fin de que guardasen la simetría. También desapareció el friso pintado por Langlois y Alejandro González Velázquez en la parte alta de los muros. Ya anteriormente, Fernando VII la había hecho decorar ostentosamente "a la turca" con rica colgadura de damasco verde como Gran Gabinete de la Reina.

El fresco de la bóveda central que correspondía a la Cámara de la Reina es de Antonio González Velázquez y representa a *Colón ofreciendo el Nuevo Mundo a los Reyes Católicos*, con cuatro medallones en claroscuro que representan a México, Perú, Chile y Filipinas. En 1818 Fernando VII dispuso una gran campaña decorativa con el fin de convertir esta sala en el Gran Tocador de la nueva Reina, su segunda esposa M.ª Isabel de Braganza: las piezas fundamentales, aparte de notables muebles imperio y una suntuosa colgadura de seda naranja, eran los seis cuadros pintados al claroscuro para las sobrepuertas, uno de ellos por Goya, dos por Vicente López y los tres restantes por Zacarías G. Velázquez, Aparicio y Camarón respectivamente. La presencia de la obra de Goya y el sentido de conjunto conferían a este salón una importancia extraordinaria.

Se debe a Francisco Bayeu el fresco en la última bóveda, que correspondía a la tercera antecámara o Pieza de Comer y Besamanos de la Reina, y representa a *Boabdil entregando las llaves de Granada a los Reyes Católicos*. Es interesante que, evadiéndose de los reinos de

F. Bayeu: Boabdil entregando las llaves de Granada a los Reyes Católicos. *Detalle del fresco de la bóveda septentrional del* ▲ Comedor de Gala.

lo mitológico y lo alegórico que dominan en el resto de las bóvedas de Palacio, se optase por la Historia como tema en las del Cuarto de la Reina, acudiendo a la figura de Isabel la Católica en dos de sus actos más destacados, como referencia y modelo obligado a seguir para cualquier soberana española. Durante el reinado de Fernando VII esta sala era el Oratorio de la Reina, y bajo Isabel II, cuando cumplía idéntica función para el Rey consorte, acogía el gran diván circular con bronces de Thomire que hemos mostrado en la Saleta de Carlos III.

Antecámara, Sala de la Banda o Plateresca

Bajo Carlos III era la primera Antecámara de la Reina. Al proyectar el Comedor, Lema también reformó las tres salas que hay entre éste y la Galería principal, para que sirvieran como espacios de desahogo, servicio y tránsito: derribó todos los tabiques y techos con que habían sido divididas en piezas más reducidas durante los reinados de Carlos III y Carlos IV, devolviéndolas a sus dimensiones originales, y decoró la central con pilastras y otros elementos arquitectónicos con motivos ornamentales procedentes del arte plateresco español, tallados en madera por Manuel Genné. Dentro del gusto por el empleo de los estilos históricos, esta ornamentación es muy curiosa por lo temprana que resulta la utilización de tal repertorio renacentista nacional en lugar de las formas italianas del *quattrocento*. La intención era dorar el relieve de la talla para que ésta resaltase, pero finalmente todo quedó pintado en blanco e

incluso, junto a una puerta, se dejó una prueba de cómo hubiera resultado el conjunto barnizado y con la talla dorada. Esta brusca interrupción se explica por la muerte de Alfonso XII en 1885.

Desde tiempos de Alfonso XIII comenzó a llamarse Sala de Cine, porque era utilizada para la proyección de películas ante la Familia Real, aunque también se denomina Sala de la Banda por acomodar a la banda de música de la Guardia Real cuando ameniza los banquetes de gala del Comedor contiguo. Actualmente se exhibe aquí un importante centro de mesa o *dessert* de bronce dorado, piedras duras y esmaltes realizado por Luigi Valadier en Roma en 1778, y comprado inmediatamente por el *Baily* de la Orden de Malta Jacques-Laure de Breteuil; después de su muerte fue adquirido en la almoneda de París en 1786 por el conde

de Aranda para el Príncipe de Asturias, y ampliado, ya reinante Carlos IV, en el Taller de Piedras Duras de la Real Fábrica del Buen Retiro.

A lo largo de los muros se distribuyen seis vitrinas con una selección de importantes medallas, acuñadas desde la época de Felipe V hasta nuestros días, pertenecientes a la colección custodiada en la Real Biblioteca.

Antecámara o Sala de la Plata

Ésta fue la segunda Antecámara de la Reina; como en la anterior y en la siguiente, las reformas de Carlos IV y Fernando VII provocaron la pérdida de la pintura al fresco en la bóveda. También en 1880 fue devuelta a sus dimensiones originales por Lema, que instaló el

Taller de L. Valadier (Roma, 1778), y Laboratorio de Piedras Duras de la Real Fábrica del Buen Retiro (Madrid, 1786-89): ▲
Dessert del Príncipe de Asturias (Carlos IV). Basamento de cinco elementos, con adornos de la Antigüedad. Sala Plateresca.

Las tres salas que a continuación se visitan eran las primeras del Cuarto que desde 1764 hasta su destierro de la Corte ocupó el Infante Don Luis, hermano de Carlos III, y desde 1785 el Infante Don Gabriel. Bajo Isabel II estaba destinado a los duques de Montpensier, y en tiempos de Alfonso XII y Alfonso XIII a la Infanta Isabel, la Chata.

En la primera Antecámara, por la que pasamos de largo pero que visitaremos de nuevo antes de salir, se muestra una selección de las vajillas reales de loza y porcelana. Las reformas fernandinas eliminaron el fresco original de la bóveda: *El poder de España en las cuatro partes del Mundo*, atribuido por Fabre a Luis González Velázquez. Durante el reinado de Alfonso XII pasó a ser la Saleta de la Infanta Isabel, y de entonces data la anodina pintura actual del techo por los escenógrafos Busato y Bonardi.

Antecámara o Sala de los Stradivarius

Aquí se conserva el cuarteto –viola, violonchelo y dos violines– realizado en principio para el Rey de España por el celebérrimo luthier de Cremona Antonio Stradivarius y adquirido finalmente por Carlos IV, más otro violonchelo del mismo artífice.

La bóveda conserva la decoración de estuco y pintura de la época de Carlos III; el fresco representa *La Benignidad acompañada por las Cuatro Virtudes Cardinales,* obra de uno de los hermanos González Velázquez (Antonio, según Ponz y Ceán, o su hermano Luis, según Fabre), discípulos de Giaquinto. Entonces esta sala era la de Comer y Besamanos del Infante don Luis, y a partir de 1785 del Infante don Gabriel, que dispuso aquí las

elegante zócalo de madera y mármoles. Ahora se expone aquí una selección de la platería civil utilizada por la Familia Real. Por desgracia, José Bonaparte hizo fundir toda la anterior para atender a las necesidades de la guerra, de forma que nada ha llegado hasta nosotros de las riquísimas vajillas reales dieciochescas de plata.

Las que vemos son del XIX, y destacan las realizadas en la madrileña Fábrica de Platería de Martínez por encargo de Fernando VII para el Tocador de la Reina María Isabel de Braganza, además de muchas otras piezas isabelinas y alfonsinas que no especificamos porque las cartelas las explican sobradamente bien o por estar sometidas a movimientos paulatinos por criterios de conservación y exposiciones en el exterior. La platería religiosa se conserva en el Relicario y en la adjunta cámara fuerte de la Real Capilla, que no se visitan.

▲ *Real Fábrica de Platería Martínez: jarro de aguamanil del Tocador de la Reina María Isabel de Braganza, 1815. Plata cincelada y sobredorada. Sala de la Plata.*

Sala de los Stradivarius. Arriba, A. González Velázquez: La Benignidad acompañada por las Cuatro Virtudes Cardinales, ▲
fresco de la bóveda; abajo, A. Stradivarius: violín chico, con detalle del clavijero, y viola. Cremona, 1694-1709

mejores pinturas de su colección. Bajo
Fernando VII era la Pieza de Comer de la
Reina, y luego Antecámara de Montpensier y
de la Infanta Isabel. El pavimento de taracea de
mármoles de colores es de la época de
Carlos III, procedente de la contigua tercera
Antecámara de la Reina, desaparecida al
integrarse en el Comedor de Gala en 1880,
fecha en que también se instaló el papel
pintado repuesto recientemente.

*Cámara del Infante don Luis o Sala de
Instrumentos Musicales*

La bóveda está admirablemente pintada al
fresco por Francisco Bayeu, que se acerca

mucho a las calidades de su maestro Mengs
en esta obra, la mejor de las que llevó
a cabo en Palacio, *La Providencia presidiendo las
Virtudes y las Facultades del hombre*. El papel
pintado actual reproduce un modelo
fernandino.

Aquí se exponen algunos instrumentos
musicales de los siglos XVIII y XIX, entre
los que destacan los pianos verticales cuya
forma imita la de librerías, construidos
para Carlos IV por Francisco Fernández
(1805) y por Francisco Flórez (1807), éste
decorado primorosamente con bronces,
maderas finas y cristal pintado; dos pianos
para niños, uno por Lesieur y otro por
Rodrigo Ten (1918); varias guitarras de
principios del siglo XIX; y dos arpas de Erard

▲ *F. Bayeu:* La Providencia presidiendo las Virtudes y las Facultades del hombre.
Detalle del fresco de la bóveda de la Cámara del Infante don Luis.

(1861). El *stipo* italiano sigue los modelos florentinos típicos del siglo XVII, pero parece más bien milanés del XIX.

Las demás salas de este cuarto –Pieza de Vestir, Dormitorio, Gabinetes del Ángulo y de los Pájaros– habitadas sucesivamente por los Infantes don Luis y don Gabriel durante el reinado de Carlos III, son reducidas y sus balcones dan al parque y a los jardines. Están ocupadas por una selección de las más importantes obras de la colección de pintura del Patrimonio Nacional –Juan de Flandes y Zitow, Van der Weyden, Cossiers, Caravaggio, Jusepe Leonardo, Bayeu, Maella, Velázquez, Goya y Mengs– además de contar con bóvedas pintadas al fresco en el siglo XVIII por González

Velázquez, Maella, y Lorenzo y Gian Domenico Tiepolo; y de contener el único papel pintado original de la época de Fernando VII que subsiste en Palacio. En la actualidad no están abiertas al recorrido de la visita pública.

Antecámara o Sala de Vajillas

Volviendo a esta Antecámara podemos admirar una selección de las más importantes vajillas: la de Felipe V, de la Compañía de Indias; la de Carlos III, encargada a Meissen en 1738; y la de los Príncipes de Asturias Carlos y María Luisa, fabricada en Sèvres en 1776. La pérdida de muchas de estas piezas del XVIII se

Izquierda, Compañía de Indias: azucarero de la vajilla de Felipe V, primer tercio del s. XVIII. Sala de Vajillas. ▲
Derecha, F. Flórez: Piano vertical construido para Carlos IV, 1807. Sala de Instrumentos Musicales.

compensa con las que encargaron Fernando VII e Isabel II a París, especialmente la vajilla llamada de Paisajes, de la manufactura parisina de Boin au Palais Royal.

La Galería y el Patio principal

EL AMPLIO corredor que da la vuelta al Patio al nivel de esta planta principal permitía entrar al cuarto de cada real persona a través de su sala de guardias o antecámara correspondiente, de forma que constituía la arteria principal para la circulación de los cortesanos; era accesible también por las dos escaleras generales que ascienden a los pisos altos, llamadas de Cáceres y de Damas, situadas en los ángulos Noroeste y Noreste.

La arquitectura de la Galería permanece tal y como la concibió Sacchetti, salvo que en su proyecto los grandes ventanales hubieran quedado divididos con jambas y dinteles de piedra. Carlos III ordenó a Sabatini que los cerrase simplemente con los grandes bastidores de hierro que se mantienen en la actualidad. También desautorizó la instalación de la serie de relieves con trofeos alegóricos de temática política, militar, científica y religiosa, que el Padre Sarmiento había dispuesto para los tímpanos de molduras mixtilíneas que adornan las sobreventanas; los que llegaron a labrarse en piedra se conservan en el Museo Prado o depositados en la Real Academia de San Fernando.

Por cualquiera de los ventanales podemos contemplar la noble arquitectura del Patio

▲ *Derecha, Galería principal. Izquierda, G.D. Olivieri:* El Emperador Honorio, *c. 1760. Piedra de Colmenar. Patio principal.*

principal, cuadrado y ligeramente desplazado hacia el Norte respecto al solar del Palacio, porque el arquitecto concibió desde el principio la crujía Sur más ancha con el fin de albergar la Escalera principal y la Capilla, que en el antiguo Alcázar estaban entre los Patios del Rey y el de la Reina. Para enfatizar el eje de la entrada principal Sacchetti construyó más amplios los arcos centrales de los lados Sur y Norte, a costa de estrechar los colaterales, que albergan las cuatro estatuas de los emperadores romanos recuperadas por Sabatini en 1791, ya que Carlos III había mandado retirarlas con anterioridad de la entrada principal bajo el balcón central de la fachada Sur.

En las ocasiones solemnes se alfombraba todo el perímetro de la Galería y se revestían sus paramentos con tapices de la Colección Real, de modo que el boato ceremonial del cortejo real al acceder a la Capilla resultaba realzado por tamaño esplendor ornamental.

La Real Capilla

EN LA Galería se abre la puerta de la Real Capilla, custodiada por sendas hornacinas que contienen las esculturas de Los *Reyes Católicos*, encargadas en 1862 y labradas en mármol por José Vilches en Roma.

En 1742, ante las críticas de Scotti, se decidió no situar la Capilla en el espacio inicialmente previsto, que ahora ocupa el Salón de Alabarderos, sino elevarla en el actual emplazamiento suprimiendo varios cuartos de Infantes. Tras plantear diversas variantes y

Patio principal, perspectiva desde el ángulo sureste. ▲

tendiendo siempre a darle el mayor volumen posible, en 1748 Sacchetti consiguió formular su proyecto definitivo, conforme al cual se edificó tal y como ha quedado para la posteridad. No obstante, la decoración nunca llegó a quedar terminada según las ideas del arquitecto, que había proyectado elaborar con mármoles tanto el pavimento como el revestimiento de todos los muros, y con bronces los capiteles y basas de columnas y pilastras. Tampoco los retablos, ni la forma del *Cancel* o tribuna acristalada destinada a los Reyes a los pies del templo, ni la del Coro, responden a la propuesta final de Sacchetti: Carlos III ordenó terminarlo todo "provisionalmente" en estuco –como ha quedado hasta hoy– porque pensaba ampliar la Capilla añadiendo un saliente hacia el Norte, y en ese sentido Sabatini presentó dos proyectos que afortunadamente no se llevaron a cabo.

La ornamentación ideada por Sacchetti con la colaboración de Ventura Rodríguez y de Corrado Giaquinto, de concluirse, hubiera sido de una magnificencia difícil de parangonar. De ella quedó concluido todo el ornato de las bóvedas y las diez grandes columnas de una sola pieza de mármol negro veteado de Mañaria (País Vasco).

Por encima del cornisamento, todo se debe a Giaquinto, ya que diseñó los estucos realizados por Andreoli, y pintó los grandiosos frescos que representan *Santiago en Clavijo* sobre la entrada, *La Gloria, con la Santísima Trinidad coronando a la Virgen* en la cúpula, y en sus pechinas los Santos *Leandro, Dámaso, Isidro Labrador y María de la Cabeza*; *La Trinidad* en la tribuna que está detrás sobre el Altar Mayor –porque en principio se pensó en colocarlo más adentro en el ábside– y en el Coro, *Alegoría de la Religión*. Las figuras de angelotes de estuco son de Felipe de Castro, salvo las que

flanquean el símbolo eucarístico en el arco del Altar Mayor, de Olivieri.

En comparación con el suntuoso conjunto de las bóvedas es muy modesto el cuadro del Altar Mayor, *San Miguel* por Ramón Bayeu, que sigue un original perdido de Giordano y un dibujo de su maestro Mengs, a quien se debe su obra póstuma *La Anunciación* del altar frente a la entrada, inacabada por su muerte en Roma en 1779. La arquitectura de ambos retablos es de Sabatini, salvo la mesa de este último, que se debe a Isidro Velázquez, y contiene las reliquias del mártir romano San Félix.

Del reinado de Fernando VII son las esculturas de estética neoclásica de los *Cuatro Evangelistas* en la antecapilla, por José Ginés, y las de los *ángeles lampadarios* en el Presbiterio, por Esteban de Ágreda. Posteriormente Isabel II encargó a Juan Samsó las de los *Sagrados Corazones* que flanquean el altar de la Anunciación.

Además del culto diario oficiado por un nutrido Cabildo de capellanes a cuya cabeza estaba el cardenal patriarca de las Indias, limosnero y pro-capellán mayor de Su Majestad, las ceremonias solemnes desplegaban una gran pompa. Ordinariamente el rey, como las demás reales personas, seguía el rito desde el *Cancel* a los pies del templo al que llegaba desde el interior de las habitaciones reales, pero en las festividades solemnes salía en procesión por la Galería principal, engalanada con tapices; al llegar a la Capilla hacía una reverencia ante el altar, otra a la reina que estaba en el *Cancel*, y ocupaba su sitial en la cortina o dosel. Toda la Corte tenía su lugar asignado: inmediatos al rey el mayordomo mayor y el capitán de Guardias de Corps, a continuación los grandes de cara a la puerta, etc. Al público sólo le estaba permitido ocupar el tramo de la entrada o antecapilla.

Real Capilla. Dosel Real y Altar Mayor. ▶

Fernando VI deseó una capilla suntuosa, ya que no muy grande, y se esforzó en que lo fuese en todos sus detalles, incluyendo el gran número de vestiduras y objetos litúrgicos, entre los que destaca el pontifical que lleva su nombre, los libros de coro y el órgano, pues la música era tan primordial para el Monarca como lo había sido para su padre, y la Real Capilla contaba con un conjunto nutrido y escogido de instrumentistas y voces. El órgano, cuya caja fue diseñada por Ventura Rodríguez, fue comenzado por Leonardo Fernández Dávila y concluido por el mallorquín Jorge Bosch; es único en España no sólo por su calidad intrínseca, sino también por haberse librado de las reformas decimonónicas. Recientemente se le ha aplicado una escrupulosa restauración.

Sala de Guardias y Trascuarto de la Reina María Luisa

Sala de Guardias de la Reina María Luisa o Antesala de las habitaciones de la Reina María Cristina

Esta pieza servía de acceso desde la Galería a las salas del Cuarto de la Princesa de Asturias, futura Reina María Luisa de Parma –cerradas a la visita pública– cuyos balcones se abren hacia el Este, a la plaza de Oriente. Posteriormente fue la Antesala de las habitaciones de la Reina María Cristina de Habsburgo. En comparación con la parquedad que su función primitiva impuso a esta sala nada tiene que ver con la decoración presente, dominada por dos aparatosas piezas de la época de Fernando VII: el velador de bronce y malaquita por Guillaume Déniere, con

▲ *C. Giaquinto:* La Gloria, con la Santísima Trinidad coronando a la Virgen. *J.B. Andreoli: decoración de estucos. Bóveda de la Real Capilla.*

un templete dedicado a Apolo y las Musas, y el monumental *dessert* o centro de mesa, de mármoles y bronces. Las efigies de cinco soberanos europeos del siglo XIX adornan esta sala: entre las ventanas, *María Amalia de Sajonia,* Reina de España y tercera esposa de Fernando VII, por Vicente López; al mismo pintor se debe el retrato de *Francisco I de las Dos Sicilias,* en la pared del fondo. A ambos lados de la chimenea, *Luis Felipe de Orléans* y *M.ª Amalia de las Dos Sicilias,* Reyes de Francia, por Winterhalter. Enfrente *Alfonso XII,* por Federico de Madrazo. Las composiciones barrocas de fines del siglo XVII colgadas a los lados de este último se deben a Isidro Arredondo y representan sendos *Milagros de San Eloy,* procedentes de la Capilla de los Plateros en la desaparecida parroquia madrileña de San Salvador, de donde

pasaron a la colección del marqués de Salamanca, adquirida a su vez por Isabel II.

Sala de Billar de Alfonso XII

Saliendo de nuevo a la Galería llegamos a la primera de las habitaciones del Trascuarto de María Luisa de Parma. Se llamaban así en Palacio a las piezas de los cuartos reales que no daban a las fachadas exteriores, sino que eran interiores o recibían luz del Patio principal a través de la Galería, y eran las reservadas al descanso y a la intimidad al margen de la mecánica de la vida y el protocolo de la Corte.

La bóveda de esta sala está pintada al fresco por Mariano Salvador Maella en 1769 con una escena mitológica, *Juno ordenando a Eolo que*

Sala de Billar de Alfonso XII. ▲   71

suelte los vientos contra Eneas. Es sin duda la mejor creación en este género del entonces joven pintor que luego se prodigó en exceso. Pero está oculta por el artesonado de madera que J. S. de Lema diseñó cuando en 1879 Alfonso XII le encargó el montaje de una Sala de Billar: siguiendo ejemplos victorianos ingleses y la derivación racionalista de motivos góticos de Viollet-le-Duc, Lema realizó una obra característica de su estilo y del gusto de aquellos años, muy coherente y nada carente de encanto, terminada en 1881 y restaurada en 1993. El ensamblaje y la talla del empanelado en nogal se deben a Antonio Girón, al igual que el resto del mobiliario excepto la mesa, que es parisina.

Sala de Fumar o Japonesa de Alfonso XII

Junto a la de Billar quiso el mismo Monarca una habitación para fumar decorada en estilo exótico oriental "a la japonesa". Lema revistió las paredes con molduras de bambú que enmarcan placas de porcelana –encargadas a la fábrica de Boulanger, en Choisy-le-Roi (París)– y paneles de tafetán de seda azul bordada con motivos chinescos, tal y como se aprecian hoy tras la restauración de que han sido objeto en 1993, pues el conjunto había sido desmontado después de 1939, por haber quedado dañado en los bombardeos de la guerra civil. Sin embargo, se ha decidido no reponer el techo, que también estaba empanelado de la misma manera, para dejar a la vista la labor de estuco del XVIII que encuadra la pintura al temple por Espalter, de 1857.

Gabinete de Estucos de la Reina María Luisa

Pese a sus reducidas dimensiones este gabinete neoclásico es una de las habitaciones más

Sala de Fumar o Japonesa de Alfonso XII. ▲

fascinantes del Palacio. Fue diseñado por Francesco Sabatini y realizado por los estuquistas hermanos Brilli en 1791, inspirándose en el repertorio arqueológico pompeyano entonces de moda.

Gabinete de Maderas Finas de la Reina María Luisa

En manifiesto contraste con la habitación anterior, este gabinete de gusto rococó y sus muebles –escritorio, dos cómodas, sillón y dos sitiales– se deben al equipo de ebanistas y broncistas que dirigía Gasparini; parece que se trata de uno de los gabinetes de Carlos III, desmontado de su localización original y adaptado aquí en tiempos de Carlos IV: aunque su estilo estaba ya muy anticuado, la suntuosidad de la obra se consideró digna de la Reina; a J. B. Ferroni se debe el diseño del pavimento de taracea de mármoles y de los estucos del techo, decorados a juego con los paneles de sedas con bordados de los muros.

La Real Biblioteca y otras salas no incluidas en la visita

Habitaciones de la Reina María Luisa y de Carlos IV

A ESTOS trascuartos corresponde el Cuarto de la Reina, cuyos balcones dan a la plaza de Oriente. A continuación, las habitaciones de Carlos IV también miran a esta plaza y a la de Armas. De todos esos salones, que no están abiertos a la visita pública debido al frecuente uso que de ellos hace Su Majestad el Rey para sus audiencias militares y civiles y otros actos oficiales, cabe destacar: la Saleta de Doña María Cristina, con mobiliario Carlos IV; el Comedor de Diario, con decoración arquitectónica por

▲ *Arriba, Gabinete de Maderas Finas de la Reina María Luisa. Abajo, F. Sabatini: estucos decoraticos, elaborados por los hermanos Brilli. Detalle del Salón de los Espejos, antiguo Tocador de María Luisa de Parma.*

Gabinete de Estucos de la Reina María Luisa. ▶

Sabatini; el Tocador de la Reina María Luisa, llamado Salón de Espejos, primorosa obra del mismo arquitecto y de los estuquistas que el pequeño Gabinete de Estucos; el Salón de Tapices, así llamado por los de la *Historia de José, David y Salomón* que lo decoran; el de Armas, con tapices del siglo XVI; la Cámara, con grandes consolas de Carlos III. Las bóvedas de todos estos salones están pintadas al fresco por F. Bayeu y M. S. Maella, la de la Antecámara por Gian Domenico Tiepolo y la de la Saleta por Gian Battista Tiepolo.

Antigua Biblioteca de Carlos IV, luego habitaciones privadas de los Reyes en los siglos XIX y XX

Por las mismas razones tampoco se visitan las salas que alberga el Ala de San Gil –entre la plaza de Armas y la calle de Bailén–, a las que se accede por la Cámara de Carlos IV y donde este Monarca tuvo su Biblioteca, e Isabel II y luego sus sucesores, sus habitaciones privadas. Sus bóvedas forman un conjunto muy unitario de estucos y pinturas realizados entre 1784 y 1787, aquéllos según los diseños de Sabatini y éstas por Bayeu y Maella. La decoración y el mobiliario corresponden al último periodo en que estas salas estuvieron habitadas, el reinado de Alfonso XIII, pero integran piezas anteriores muy interesantes, destacando muebles franceses y españoles del siglo XVIII, un *Gabinete de Maderas de Indias* de Gasparini y arañas fernandinas. En relación a estas habitaciones es interesante observar la evolución que experimentó la vida diaria de las reales personas y la representación regia desde el Antiguo Régimen hasta la monarquía parlamentaria: al cambiar las costumbres, y con ellas el uso de las estancias, el Palacio, sin ser ampliado, comenzó a resultar desmesurado. Ilustra este cambio una anécdota contada con

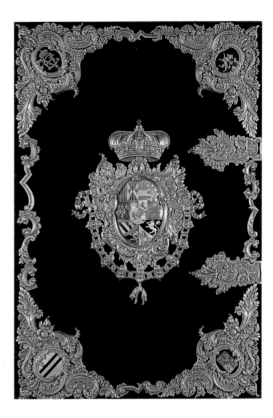

gracia por Edmondo d'Amicis en 1872: "Cuando reinaban los Borbón todo el Palacio Real estaba ocupado: el Rey habitaba la parte de la izquierda, hacia la plaza de Oriente; Doña Isabel II la parte que mira de un lado a la plaza de Oriente y de otro a la de la Armería; Montpensier la parte opuesta a la de la Reina; los Príncipes tenían cada uno un aposento hacia los jardines del Campo del Moro. Durante el tiempo que estuvo allí el Rey Amadeo, una gran parte del edificio permaneció vacía. Tenía solamente tres pequeñas habitaciones: un saloncito de estudio, una alcoba y el tocador. La alcoba daba a un largo pasillo por donde se iba a las habitaciones de los Príncipes, junto a las cuales estaba el aposento de la Reina, que no quería separarse nunca de sus hijos. Había además un salón destinado a recepciones. Toda esta parte

Encuadernación del Álbum *ofrecido por la Real Maestranza de Caballería de Sevilla a S.M. la Reina. Año 1908.* ▲
Terciopelo, plata repujada y esmaltes. Real Biblioteca.

que servía para la Familia Real entera ocupábala antes la Reina Isabel sola. Cuando supo que Don Amadeo y Doña Victoria se habían contentado con tan pequeño espacio, cuéntase que exclamó asombrada: ¡pobres jóvenes, no podrán moverse!".

La Real Biblioteca

La Real Biblioteca particular o de Cámara de Su Majestad, como se la denominaba en el siglo XVIII, tampoco es visitable. Se encuentra en la planta baja desde que María Cristina de Borbón mandó trasladarla de la planta principal para ocupar las estancias con sus habitaciones privadas; sus salas, con estanterías de la época de Carlos III, Isabel II y Alfonso XII, conservan gran carácter, además de muy importantes

fondos de manuscritos y de impresos antiguos, o de la riqueza de los códices miniados y de las encuadernaciones. Ofrece a los investigadores un excelente lugar de consulta y trabajo, por las mañanas.

La planta baja

DEL ZAGUÁN principal se sale al Zaguanete de Carlos III: la gran puerta de enfrente es la de los salones que desde 1924 se llaman de Génova. Durante el Antiguo Régimen albergaban el Ministerio de Estado; a continuación se hallaban los de Guerra y Marina, siguiendo la galería baja del Patio principal, al fondo de la cual se encontraban el de Gracia y Justicia –donde ahora se halla la Biblioteca–; el de Indias al extremo de la otra

Detalle del ala absidal oriental con Escudo Real de Armas por L. S. Carmona, labrado en el taller de G. D. Olivieri.
Zaguán principal.

galería paralela a ésta que arranca del Zaguanete de Mayordomía Mayor, que es el que se alza en el lado opuesto del principal. Por último, al de Hacienda se entraba por el actual acceso a las oficinas del Patrimonio por la plaza de Armas: de modo que en esta planta cabía lo más esencial de la administración de la vasta monarquía española en la época de su máxima extensión territorial.

Saliendo a la plaza de Armas y tomando la galería de arcos que pasa ante la puerta del Archivo General de Palacio –el más importante de Madrid tras el Histórico Nacional– que se abre sobre el paisaje extendido hasta los pies de la Sierra, llegamos a la Real Armería.

La Real Armería

LA REAL Armería de Madrid es la más importante de Europa junto con la Imperial de Viena, tanto por el mérito de sus piezas como por la historia que otorga sentido a tal colección de armas, fundamentalmente de gala. Felipe II ordenó trasladarla al edificio de la

Armería frente al Alcázar, que se alzaba donde ahora se levanta la *reja de honor* que cierra la plaza. El pabellón actual, que alberga una gran sala, se debe a los arquitectos J. S. de Lema y E. Repullés, y fue inaugurado en 1897. La colección permanece abierta al público desde hace más de cuatro siglos. La existencia de una guía específica de este tesoro exime de extenderse aquí sobre su contenido.

La Real Farmacia

EL PABELLÓN al otro lado de la plaza de Armas, por donde hemos entrado, alberga la Real Oficina de Farmacia, que suministraba los medicamentos para toda la Real Familia y los empleados y dependientes de la Real Casa. En la entrada y en el pasillo hay varias orzas o vasijas grandes de loza de Talavera, del siglo XVIII. En la primera sala a la derecha se ha instalado el botamen y estantería procedente de la farmacia del antiguo Hospital General de Madrid, de fines del mismo siglo. Al final del pasillo está la segunda sala, con botamen de la Real Farmacia del siglo XVIII; la tercera, con botamen de porcelana decimonónico; la cuarta, con tarros de cristal de La Granja, también del XIX. La última sala muestra un intento de reconstrucción de una antigua *oficina* farmacéutica.

En torno al Palacio

El exterior del Palacio Real. La plaza de Oriente. Los jardines de Sabatini. Los jardines del Parque o Campo del Moro

LA PLAZA de la Armería, que se encaja entre la *reja de honor* y la Catedral Nueva, es estrecha y

▲ *Filippo y Francesco Negroli: rodela de parada de Carlos V,* La Medusa. *Milán, 1541. Acero damasquinado y ataujía de oro y plata. Real Armería.*

Real Farmacia: herbario barroco y botamen del antiguo Hospital General de Madrid. ▶

no ofrece por tanto una perspectiva del Palacio Real tan alejada e imponente como cabría esperar, si bajo Alfonso XII no hubiese triunfado la idea de construir en este solar, destinado a anteplaza de armas desde Sacchetti, el templo de La Almudena, terminado en 1992.

Para disfrutar del admirable porte que ofrece Palacio desde cierta distancia hay que acercarse a la plaza de Oriente, espacio creado bajo José Napoleón con la demolición de varios edificios de la Real Casa, y urbanizado y ajardinado definitivamente bajo Isabel II, cuando se erigió en el centro el monumento con la magnífica *Estatua ecuestre de Felipe IV*, por el florentino Pietro Tacca, frente a la puerta del Príncipe de Palacio. El balcón sobre ésta

sobresalía más hasta que Sabatini lo redujo en 1791, despojándolo de los trofeos de escultura que cobijaba.

Desde la calle de Bailén una escalinata desciende hasta los jardines de Sabatini, creados durante la Segunda República sobre el solar de las Caballerizas Reales de Carlos III, levantadas por su arquitecto Sabatini. La fachada Norte de Palacio despliega aquí toda su impresionante altura de plantas coronada por la cúpula de la Real Capilla.

Desde estos jardines, una rampa baja al paseo de San Vicente y, bordeando la verja hasta el de la Virgen del Puerto se llega a la entrada del parque de Palacio, llamado popularmente Campo del Moro. Este jardín histórico, cuya creación se debe a Felipe II, es

▲ *Pietro Tacca:* Estatua ecuestre de Felipe IV *en la plaza de Oriente, frente a la puerta del Príncipe.*

◀ *Fachada septentrional del Palacio, con la cúpula de la Real Capilla, desde los jardines de Sabatini.*

muy agradable, aunque la realidad definitiva resulte menos interesante de lo que pudo haber llegado a ser, pues en el siglo XVIII se plantearon varios proyectos entre los que destacan los de Sacchetti, el de Ventura Rodríguez y los que en 1747 se encargaron a Etienne Boutelou –Jardinero Mayor en Aranjuez– y Garnier de l'Isle –Superintendente de Versalles–; pero ninguno llegó a materializarse, como tampoco el de Sabatini (1767), sino que hubo que esperar al reinado de Isabel II, cuando se acometió el de Narciso Pascual y Colomer (1844), del que subsiste el trazado de las principales avenidas rectilíneas, y las dos fuentes que se alinean en el eje central: la de las Conchas, obra de Felipe de Castro y Manuel Álvarez (1775) procedente del Palacio del Infante don Luis en Boadilla del Monte, y la de los Tritones, obra italiana del siglo XVI procedente del jardín de la Isleta en Aranjuez, y colocada ante la *Gruta Grande* o invernadero. Por último, durante la Regencia de María Cristina de Habsburgo se reformó completamente el parque según el diseño seudopaisajista de Ramón Oliva (1890).

La magnífica vista que ofrece el edificio de Sacchetti desde la avenida central de los jardines nos invita a buscar su escenario más espectacular desde un punto más alejado, en las antiguas posesiones reales de la Casa de Campo o de la montaña del Príncipe Pío: es, en efecto, desde la perspectiva que ofrecen los Reales Sitios como se llega a comprender este Palacio Real.

Iluminación nocturna de la fachada de Poniente del Palacio Real de Madrid, desde la fuente de las Conchas en el Campo del Moro. ▲

Doble página siguiente. Perspectiva noroeste del Palacio Real de Madrid, desde la montaña del Príncipe Pío. ▶

Bibliografía

Alcázar de Madrid

ORSO, Steven N.: *In the presence of the Planet King: Philip IV and the decoration of the Alcázar of Madrid*. Princeton University Press 1986 (revisión de tesis doctoral, 1978).

GERARD, Véronique: *De castillo a Palacio. El Alcázar de Madrid en el siglo XVI*. Madrid, Xarait, 1984 (recoge la bibliografía anterior).

BARBEITO, José: *El Alcázar de Madrid*. Tesis doctoral defendida en la Escuela de Arquitectura, Universidad Politécnica de Madrid, 1988. Publicado por el COAM, Madrid, 1992.

AA. VV.: *El Real Alcázar de Madrid*. Catálogo de la exposición, a cargo de Fernando Checa Cremades. Comunidad de Madrid, Madrid, 1994.

Guías

NIÑO MAS, Felipe, y JUNQUERA DE VEGA, Paulina: *Guía ilustrada del Palacio Real de Madrid*, Patrimonio Nacional. Madrid, 1956, 3ª ed. De esta guía existen ediciones corregidas y aumentadas en 1966, por M. López Serrano, y en 1985, por F. Fernández-Miranda y Lozana.

General

ÁGUEDA VILLAR, Mercedes: *Antonio Rafael Mengs 1728-1799*. Catálogo de la exposición, Museo del Prado, Madrid, 1980.

ANDRADA, Ramón: "Las estatuas del Palacio de Oriente vuelven a su sitio", *R.S.*, 1972, 9, N.º 31, pp. 49-56.

ANDRADA, Ramón: "Obras de reconstrucción en el Palacio de Oriente", *R.S.*, 1965, 2, N.º 3, pp. 70-75.

Apollo, LXXXVI, Nº 75, Londres, mayo 1968: monográfico sobre el Palacio Real de Madrid.

BARRENO SEVILLANO, M.ª Luisa: "Pontifical bordado. Capilla del Palacio Real de Madrid", *R.S.*, 1978, 15, N.º 56, pp. 17-28.

BARRENO SEVILLANO, M.ª Luisa: "Salón de Gasparini o pieza de la parada", *R.S.*, 1975, 12, N.º 43, pp. 61-72.

BENITO GARCÍA, Pilar: "Los textiles y el mobiliario del Palacio Real de Madrid", *R.S.*, 1991, 28, N.º 109, pp. 45-60.

BOTTINEAU, Yves: *L'Art de Cour dans l'Espagne de Philippe V*, Burdeos 1962. Ed. esp., *El arte cortesano en la España de Felipe V (1700-1746)*, Madrid, FUE, 1986. Nueva edición francesa corregida y aumentada, Société des amis du Musée de Sceaux, París 1992.

BOTTINEAU, Yves: *L'Art de Cour dans l'Espagne des Lumières*, De Boccard, París, 1986.

CABEZA GIL-CASARES, Carmen: "Bordados del salón de Gasparini", *R.S.*, 1992, 29, N.º 114, pp. 12-28.

CABEZA GIL-CASARES, Carmen, y SANCHO, José Luis: "La restauración de las salas de billar y de fumar en el Palacio Real de Madrid, la recuperación de un conjunto alfonsino", *R.S.*, N.º 118 (1993).

CHECA CREMADES, Fernando: "Los frescos del Palacio Real Nuevo de Madrid y el fin del lenguaje alegórico", *Archivo Español de Arte*,

LXV, 258 (1992), pp.157-178, con bibliografía completa y puesta al día.

COLÓN DE CARVAJAL, José Ramón: *Catálogo de Relojes del Patrimonio Nacional*. Patrimonio Nacional, Madrid, 1987.

CUMBERLAND, R.: *An accurate and descriptive Catalogue of the several paintings in the King of Spain's Palace at Madrid*, Londres, 1787.

DURÁN SALGADO, Miguel: *Exposición de proyectos no realizados relativos al Palacio de Oriente y sus jardines*. Madrid, 1935.

ECHALECU, J. M.ª: "Los talleres reales de ebanistería, bronces y bordados", *Archivo Español de Arte*. 1955, Vol. XXVIII, pp. 237-259.

ESPOZ Y MINA, Condesa de (Juana Vega de Mina): *Apuntes para la historia del tiempo en que ocupó los destinos de aya de S.M. y A. y camarera mayor de Palacio su autora*. Madrid, 1910.

FABRE, Francisco José: *Descripción de las Alegorías pintadas en las bóvedas del Real Palacio de Madrid, hecha de orden de S. M. por...*, Madrid, Aguado, 1829.

FEDUCHI, Luis M.: *Colecciones reales de España: el mueble*. Patrimonio Nacional, Madrid, 1965.

FEDUCHI, Luis M.: *El mueble en España. Volúmenes I y II: El Palacio Real*. Madrid, Afrodisio Aguado, 1949.

GARCÍA MERCADAL, J.: *Viajes de extranjeros por España y Portugal*. Recopilación, traducción, prólogo y notas, Ed. Aguilar, Madrid, 1962.

GÓMEZ DE LAS HERAS: *El Palacio Real de Madrid*, Madrid, 1935.

GÓMEZ MOLINERO, Encarnación, y SÁNCHEZ HERNÁNDEZ, Leticia: "El botamen de cristal de la Real Farmacia. Nuevos datos para su estudio", *R.S.*, 1987, 24, N.º 93, pp. 33-36.

GRITELLA, Gianfranco: *Juvarra. L'Architettura*. Módena, 1992, Vol. II, ficha 124.

IGLESIAS, Helena (dir.): *El Palacio Real de Madrid: un recorrido a través de su arquitectura*. Dibujos de los alumnos de la II Cátedra de Análisis de Formas Arquitectónicas de la Etsam. Patrimonio Nacional, 1990.

JUNQUERA , Juan José: *La decoración y el mobiliario en los palacios de Carlos IV*. Madrid, 1979.

JUNQUERA DE VEGA, Paulina: "Los libros de coro de la Real Capilla", *R.S.*, 1965, 2, N.º 6, pp. 12-27.

JUNQUERA DE VEGA, Paulina: "Muebles franceses con porcelanas en el Palacio de Oriente", *R.S.*, 1966, 3, N.º 8, pp. 28-37.

JUNQUERA DE VEGA, Paulina, y HERRERO CARRETERO, Concha: *Catálogo de Tapices del Patrimonio Nacional*. Vol. I: siglo XVI. Patrimonio Nacional, Madrid, 1986.

JUNQUERA DE VEGA, Paulina, y DÍAZ GALLEGOS, Carmen: *Catálogo de Tapices del Patrimonio Nacional*. Vol. II: siglo XVII. Patrimonio Nacional, Madrid, 1986.

LÓPEZ SERRANO, Matilde (ed.): *El Palacio Real de Madrid*, Patrimonio Nacional, Madrid, 1975.

MARTÍN, Fernando A.: *Catálogo de la plata del Patrimonio Nacional*. Patrimonio Nacional, Madrid, 1987.

MORALES Y MARÍN, José Luis: *Mariano Salvador Maella*, Madrid, 1992.

MORALES Y MARÍN, José Luis: *Vicente López (1772-1850)*, Catálogo de la exposición. Madrid, 1990.

MORALES Y MARÍN, José Luis: *Los Bayeu*, Zaragoza, 1979.

MORÁN TURINA, Juan Miguel: *La imagen del Rey. Felipe V y el arte*, Madrid, 1990.

PÉREZ VILLAAMIL, M.: *Artes e industrias del Buen Retiro*. Madrid, 1904.

PÉREZ GALDOS, Benito: *La de Bringas*. Madrid, 1884. Ed. Hernando, Madrid.

PLAZA SANTIAGO, Francisco Javier de la: *Investigaciones sobre el Palacio Real Nuevo de Madrid*, Valladolid, 1975. Constituye por el momento la monografía fundamental. Recoge toda la bibliografía anterior.

PONZ, Antonio: *Viaje de España*, XVIII volúmenes, Madrid, 1769-1793, tomo sexto. Tercera impresión, Madrid, Ibarra, 1793.

REYERO, Carlos: "Isabel II y la pintura de historia", *R.S.*, 1991, 28, N.º 107, pp. 28-36.

RUÍZ ALCÓN, M.ª Teresa: "Habitaciones y objetos personales del rey don Alfonso XIII en el museo del Palacio Real de Madrid", *R.S.*, 1980, .17, N.º 63, pp. 17-28.

SÁNCHEZ HERNÁNDEZ, Leticia: "La vajilla de paisajes del Patrimonio Nacional conservada en el Palacio Real de Madrid", *R.S.*, 1985, 22, N.º 83, pp. 37-52.

SÁNCHEZ HERNÁNDEZ, M.ª Leticia: *Catálogo de porcelana y cerámica española del Patrimonio Nacional en los Palacios Reales*. Patrimonio Nacional, Madrid, 1989.

SANCHO, José Luis: "Sacchetti y los salones del Palacio Real de Madrid", *R.S.*, 1988, 25, N.º 96, pp. 37-44.

SANCHO, José Luis: "Proyectos del siglo XVIII para los jardines del Palacio de Madrid: Esteban Boutelou y Garnier de l'lsle, *Anales del Instituto de Estudios Madrileños*, Vol. XXV (1988), pp. 403-433.

SANCHO, José Luis: "El Palacio Real de Madrid. Alternativas y críticas a un proyecto". *R.S.*, N.º extraordinario (1989), pp. 167-180.

SANCHO, José Luis: "El piso principal del Palacio Real", *R.S.*, N.º 109 (1991).

SANCHO, José Luis: "Fernando Fuga, Nicola Salvi y Luigi Vanvitelli; el Palacio Real de Madrid y sus escaleras principales", en *Storia dell'Arte*, Roma, N.º 72 (1991), pp. 199-252.

SANCHO, José Luis: "Las críticas en España y desde Italia al Palacio Real de Madrid", *Archivo Español del Arte*, N.º 254 (1991), pp. 201-254.

SANCHO, José Luis: "Espacios para la Majestad en el siglo XVIII: la distribución de las habitaciones reales en el Palacio Nuevo de Madrid". *Anales del Instituto de Estudios Madrileños*, Vol. XXXI, Madrid, 1992, pp. 19-40.

SANCHO, José Luis: "Francisco Sabatini, primer arquitecto, director de la decoración interior de los palacios reales", artículo en pp. 143-166; y fichas sobre la decoración interior, pp. 227-236, pp. 236-240, pp. 241-244; todo ello en AA.VV.:

Francisco Sabatini, la arquitectura como metáfora del poder, Catálogo de la exposición, Madrid, 1993.

SANCHO, José Luis: *La arquitectura de los Sitios Reales. Catálogo histórico de los Palacios, jardines y Patronatos Reales del Patrimonio Nacional*. Patrimonio Nacional-Fundación Tabacalera, Madrid, 1995. Contiene completa bibliografía y planimetría.

TARRAGA BALDO, M.ª Luisa: *G. D.Olivieri y el taller de escultura del Palacio Real*. Patrimonio Nacional, CSIC y el Istituto Italiano de Cultura, Madrid, 1992.

Tormo 1927: TORMO, Elías: *Las iglesias del antiguo Madrid*. Madrid, 1927. Reeditado por el Instituto de España. Madrid, 1972.

TURMO, Isabel: *Museo de carruajes*. Patrimonio Nacional, 1969.

R.S.: *Reales Sitios*, revista del Patrimonio Nacional.